D1699601

David Hünlin

Beschreibung des Bodensees

mit einem biographischen Nachwort
von Werner Dobras

ISBN: 3-88210-055-9
Faksimile-Druck nach dem Original von 1783
aus der Ehemals Reichsstädtischen Bibliothek, Lindau
Alle Rechte für diese Ausgabe 1980
by Antiqua-Verlag GmbH, Lindau
Reproduktion und Druck: Proff, Bad Honnef
Bindearbeiten: Buchbinderei Kränkl, Heppenheim
Printed in Germany

Beschreibung
des
Bodensees
nach
seinem verschiednen Zustande
in
den ältern und neuern Zeiten.

Ulm und Lindau,
bey Johann Conrad Wohler.
1783.

Vorbericht.

Da bisher noch keine ausführliche Beschreibung des Bodensees bekannt geworden ist, ohnerachtet von den benachbarten helvetischen Seen schon im vorigen Jahrhunderte verschiedne solcher Beschreibungen zum Vorscheine gekommen sind, wie denn vornehmlich die Beschreibung des Zürichsees vom Junker Erhard Escher von 1692, in 8vo, hier zu Lande nicht unbekannt ist; so gab dies dem Verfasser des gegenwärtigen Traktats schon vor mehrern Jahren Anlaß, in dem zweyten Theile seiner Geschichte von Schwaben eine solche Beschreibung nicht nur zu versprechen, sondern auch auszuarbeiten. Er gedachte solche seiner herausgegebnen neuen und vollständigen Staats- und Erdbeschreibung des Schwäbischen Kreises um so mehr beyzufügen, da sich der erste Theil derselben schon fast gänzlich vergriffen hat, und da solche in dem dazu gehörigen Supplemente Raum genug gefunden haben würde.

Es wurde indessen bey weiterer Ueberlegung für rathsamer erachtet, diese Beschreibung besonders herauszugeben, um eines Theils den Liebhabern den Ankauf zu erleichtern, andern Theils aber gedachtes Supplement auf solche Weise kürzer fassen, und auch dieses in einem desto geringern Preise liefern zu können.

Damit aber diese Beschreibung nicht zu weitläuftig ausfallen möchte, so wurde für gut angesehen, die an diesem See gelegnen Orte nach ihren verschiednen Lagen zwar genau, jedoch um so mehr nur kurz anzuzeigen, da man von denselben fast in allen neuern geographischen Werken, vornehmlich aber in den Beschreibungen, die von der Eidgenossenschaft, wie auch vorgedachtermassen von dem Schwäbischen Kreise besonders herausgekommen sind, eine ausführlichere Nachricht findet.

Da

Da auch Zeichnungen von unserm See in allen größern und kleinern Karten, die in diesem Jahrhunderte von Schwaben und der Schweitz herausgegeben worden, vorkommen, so hielt man es um so überflüssiger, dieser Beschreibung eine neue Zeichnung beyzufügen, da von demselben noch überdieß in dem Seuterischen Landkarten- und Kunstverlage zu Augspurg eine besondre Karte verfertigt worden, die die Liebhaber, die eine besondre Zeichnung von diesem See zu haben wünschen, sich um einen geringen Kosten leicht anschaffen können. Es ist zwar bereits 1675 eine andre besondre Zeichnung von demselben unter der Aufschrift: Lacus bodamicus der Bodensee A. A. S. T. dedicata Joanni Comiti de Montfort erschienen, die auch eine der besten Zeichnungen von demselben ist. Sie ist aber heut zu Tage selten mehr zu haben. Inzwischen sind die Fehler, die sowohl in der einen oder andern neuern, als auch in der obgedachten Seuterischen Karte in Absicht der Lage der Oerter an unserm See vorkommen, zu besserm Gebrauche derselben, wo es nöthig war, angezeigt worden. Nur muß wegen des Thurgauischen Dorfs Horn hier noch bemerkt werden, daß dort ebenfalls eine Güterdurchfuhre über den See von und nach St. Gallen befindlich ist, wovon der Zoll dem Fürstl. Stifte St. Gallen, das dortige Schloß aber dem Reichsstifte Ochsenhausen gehört.

Vorbericht.

Es fehlte zwar bisher nicht ganz an Nachrichten von dem Zustande unsers Bodensees, besonders in den ältern Zeiten; wie denn vornehmlich Mellini (G. J.) Dissert. Antiquitates Lacus bodamici etc. bereits 1693 mit Beyfall im Druck erschien, zu deren Ausarbeitung vermuthlich obgedachte Escherische Beschreibung des Zürichsees Anlaß gegeben haben mag. Sie wurde von dem Verfasser (der ein würdiger Sohn eines angesehenen hiesigen Bürgers war, und in der Folge in der benachbarten Reichsstadt Kempten Antistes des dasigen Predigtamts wurde,) um so weniger erwartet, da er solche noch als Studiosus Theologiä ausgearbeitet hatte. Inzwischen konnte gleichwohl diese sonst schätzbare Schrift wegen der Sprache, in der sie geschrieben war, weder den zeitverwandten Mitbürgern des Verfassers, noch dem Publikum überhaupt zu einem allgemeinen Gebrauche dienen, daher sie auch fast nur allein den Gelehrten bekannt geblieben ist.

Es kann daher diese neue Beschreibung in unsrer Sprache um so weniger für überflüssig angesehen werden, da der Verfasser derselben sich bemühet hat, dieselbe so vollständig und interessant als möglich auszuarbeiten, besonders aber die in den neuern Zeiten nicht unerheblichen Fragen:

1) Wem

Vorbericht.

1) Wem die landesherrliche Hoheit über diesen See heut zu Tage zukomme? und

2) welche besondre Rechte die an demselben gelegnen Stände und Ortschaften für sich selbst daran besitzen?

in ein besondres Licht zu setzen, auch den vormaligen und jetzigen Zustand der Schiffahrt und Fischerey ausführlicher, als vorhin, zu beschreiben. Diese Nachrichten verdienen um so mehr zum allgemeinen Gebrauche bekannt gemacht zu werden, da sie aus vorgedachter Ursache gröstentheils auch fast nur den Gelehrten allein bekannt werden konnten. Es sind zu dem Ende bey der Ausarbeitung der gegenwärtigen Beschreibung auch folgende neuere sehr gründliche Abhandlungen benutzt worden:

Wegelini (J. C.) Dissert. inaug. de Dominio Maris Suevici vulgo Lacus bodamici, 1742. 4.

Seuteri (M.) de Loezen Dissert. inaug. juridic. de Jure navali, nec Mercatoribus, nec aliis Civibus, sed Nautis et Opificibus (den gelernten und zünftigen Schiffleuten) lib. et imp. Civit. Lind. in Mari Suevico seu

Vorbericht.

Lacu bodamico juxta Statuta privative et solitarie competente, cum Connexis, 1764. 4. Weil aber obgedachtermassen die Hauptabsicht des Verfassers bey der gegenwärtigen Arbeit war, solche nicht allein gemeinnützlich, sondern auch so kurz als möglich abzufassen, so mußte besonders die alte Geschichte nur mit wenigem berührt, und bey den sich gesetzten engen Schranken auch andern interessanten Nachrichten hinlänglicher Raum übrig gelassen werden, um vermittelst der letztern den verschiednen Zustand unsers Sees auch in den spätern und neuern Zeiten von mehr als einer Seite näher beleuchten zu können.

Es wurde daher nothwendig, auch die traurigen Schicksale, die besonders die an diesem See gelegnen helvetischen Landschaften im mittlern Zeitalter betroffen haben, etwas umständlicher zu erzählen, als solches selbst in der genauen und vollständigen Staats- und Erdbeschreibung der Eydgenossenschaft, in der man solches doch vorzüglich hätte erwarten sollen, geschehen ist. Herr Pfarrer Fäsi, der Verfasser derselben, sah auch dieses gar wohl ein, und versprach daher, eine besondre Geschichtsbeschreibung der Landgrafschaft Thurgau herauszugeben, in welcher man vermuthlich eine ausführliche Nachricht von den blutigen Streitigkeiten, die

zwischen

zwischen den Bischöffen von Costanz, den Aebten von St. Gallen und der Reichenau und andern entstanden sind, würde erhalten haben. Weil aber diese Geschichtsbeschreibung bis jezt noch nicht ans Licht getreten ist, so konnte eine Nachricht von diesen Streitigkeiten hier um so weniger weggelassen werden, weil ausserdem, daß sie noch wenig bekannt sind, auch verschiedne Stände und Städte an der schwäbischen Seite des Sees mit darein verwickelt worden.

Aus der nämlichen Ursache konnte auch die Beschreibung des sogenannten Schwabenkrieges nicht übergangen werden, weil er großentheils in diesen Gegenden geführt worden ist. Doch hat man sich auch hiebey so viel als möglich der Kürze beflissen. Denn sonst würde es dem Verfasser an Stoff und Materialien zu einer weitläuftigern Beschreibung, vorzüglich auch aus der Geschichte von Schwaben, nicht gefehlt haben. Er wollte aber von derselben auch aus der Ursache nicht mehreres berühren, da er sich vielleicht entschließen dürfte, gedachte Geschichte in einen verbessernden Auszug zu bringen, weil ihm öfters vorgestellt worden, daß sie für viele Liebhaber, die von den bemerkenswürdigsten Schicksalen ihres Vaterlandes gerne eine kürzere und wohlfeilere Nachricht hätten, zu kostbar ausgefallen sey, ob sie gleich nachher im Preise heruntergesetzt worden ist. Der Verfasser ist nicht abgeneigt, zur Befriedigung dieser Liebhaber diesem Mangel abzuhelfen, besonders wenn die gegenwärtige Beschreibung, wie er hofft, eine geneigte Aufnahme finden sollte. Er wird dann das Nähere von seinem Entschlusse bekannt zu machen nicht ermangeln.

Lindau im Augustmonate 1782.

Innhalt.

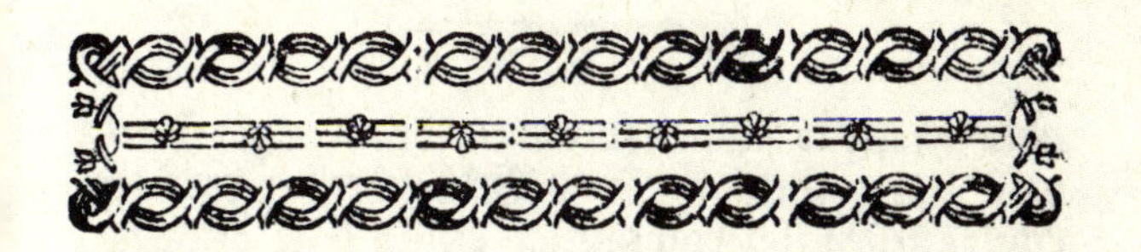

Erstes Kapitel.

Nachricht von den mancherley Namen des Bodensees, dessen ersten Anwohnern, und den jezo an demselben gelegenen, Städten, Klöstern, Flecken und Dörffern.

Es ist vielleicht kein See in Europa, der besonders in den ältern Zeiten so vielerley Namen erhalten hat, als unser Bodensee. Schon unter den Römern führte er verschiedene Namen. Sie nannten ihn zum theil Lacum-Rheni oder den Rheinsee; weil dieser berühmte Fluß sich in denselben ergiesset, und an dessen Ende aus solchem wieder herausströhmet. Auch wurde er von ihnen Lacus brigantinus von der oben an diesem See gelegenen Stadt Bregenz genannt, weil dieser Ort vermuthlich einer von denen war, die am ersten an diesem See angebauet worden, und sich dahero in den ältern Zeiten in einem vorzüglichen Ansehen befand. Pomponius Mela aber ein römischer Scribent der unter der Regierung des Kaisers Klaudii lebte, nannte ihn Lacum Acronium; wie er auch in unserer Gegend oft also genannt wurde; dieser Namensursprung aber ist etwas schwer zu finden, den ihm gleichwohl verschiedene Geschicht- und Erdbeschreiber beylegen. Einige leiten ihn von dem an diesem See gelegenen thurgäuischen Dorffe Rommishorn her, welches so viel als Cornu lacus incurvati oder das Horn des Krummen Sees heissen solle; von welchem auch der schweizerische Geschichtschreiber Stumpf den Namen herzuführen scheinet. Da aber verschiedene Schriftsteller und unter solchen gedachter Stumpf selbst erwähntes Dorff Cornu Romanorum oder Römischhorn nennen; und zwar vermuthlich aus der Ursache, weil die Römer an dasigem Ufer, da sie durch Gallien über Zurzach in diese Gegenden gekommen, sich am ersten dort nieder gelassen, so kann besagter See von erwähntem lateinischen Namen von diesem Dorffe nicht wohl erhalten haben. Es sind auch einige der Meynung, daß das Wort Acronius bey dem obgedachten römischen Scribenten Mela verfälscht sey, und statt dessen Acromus gelesen werden müsse; so ferne nun diese Meynung grund hätte, so möchte es wahrscheinlich seyn, wie auch belobter Stumpf selbst davor hält, daß dieser See von dessen alten Anwohnern der Krommsee wäre genannt, und von diesem teutschen Namen der lateinische Acromus abgezogen worden. Was diese Meynung noch mehr zu bestärken scheinet, ist, daß nach dem Bericht des römischen Geschichtschreibers Ammiani Marcellini zu muthmassen, daß der See seiner Zeit wenigst an dem Obern theil nicht nur grösser, sondern zum theil sumpfig gewesen, und daß er sich weiter gegen Rheineck hinauf gezogen habe; nachdem aber in der Folge das morastige Ufer von dem Sand und Letten, so durch den Einfluß des Rheins der Bregenz und der Achen aus dem wilden Gebirg gebracht worden, er damit solchermassen angefüllt worden, daß derselbe dadurch seine vormahlige Biegung und Krümme dieser Enden verlohren, und eine gradere Form und Gestalt an sich genommen habe, als er zu gedachten Ammani Marcellini Zeiten gehabt; worauf dann nicht ohne Grund zuschliessen, daß sich der See sowohl zur Zeit des Kaisers Constantii als vorhin, wie gedacht etwas weiter hinauf in das Rheinthal erstreckt, und dahero von den Annohnern den Namen Kromsee erhalten habe, weil er krümmer als in unsern Zeiten gewesen; wie dann auch die Form des Gestads zwischen Staad und Hard vor Lindau über dessen genugsame Anzeigung giebet. Aus diesen Ursachen läßt sich abnehmen, daß dieser See vormahls von den alten Teutschen wegen dessen damahliger Krümme der Krommsee oder nach ihrer groben Sprache Akromasee seye genannt worden.

Andere sind jedoch der Meynung das Wort Acronius seye nicht verfälscht, und der See aus der Ursache Acronius lacus genannt worden, weil er den Winter hindurch niemahls ganz zu gefriere, in dem er durch eine gewisse von sich gebende Hize, ob er wohl sonst an allen Ufern hart zusammen gefriere, in der Mitte gleichwohl alsdann offen bleibe, folglich niemahls gänzlich wie andere See mit hartem Eyß bedeckt werde; welches man aus dem griechischen Worte Acronius (so eine geringe Kälte andeute) zu beweisen sucht. Dieser Beweis ist aber um so schlechter, als aus den Jahrbüchern der an diesem See gelegenen Reichsstadt Lindau und andern unstreitig kann erwiesen werden, daß dieser See zum öftern ganz, und zwar so stark überfrohren sey, daß man nicht allein von Langenargen nach Arbon, sondern von Romishorn nach Buchhorn, und von Rorschach nach Costanz und Ueberlingen und von dar nach Lindau und Bregenz in den Jahren 1076, 1077, 1277, 1325, 1379, 1435, 1437, 1497, 1565, 1571, 1573. wie auch noch 1695. über solchen zum theil nicht nur gegangen und geritten, sondern zum theil mit geladenen Schlitten darüber gefahren sey. Nach anderer Meynung soll dieser See von den vielen in denselben fliessenden Bächen und Flüssen die den Namen Aach führen, Lacus Acronius genannt worden seyn; solche bemelte Flüsse sind: Steinach, Goldach, Fussach, Lauterach u. s. w.; wie dann auch das gleich vor der Stadt Lindau in diesen See sich ergiessende Flüßlein die Aach genannt vorzüglich zu diesem Namen den Anlaß und zwar aus der Ursache solle gegeben haben, weil der Einfluß desselben krumm und gebogen sey; dahero derselbe mit einiger Anspielung hierauf Akrom heisse; dieserwegen auch die Stadt Lindau in Lacu Acronio, liegend genannt werde, welche wenig wahrscheinliche Meynung man hier dahin gestellt seyn läßet. Noch andere wollen diesen Namen aus verschiedenen aber eben so unwahrscheinlichen Gründen von den Sueven herleiten; welche Meynung gleichwohl dem Herrn Verfasser der Diss. de Dominio Maris Suevici vulgo Lacus bodamici sonderlich

wohl-

wohlgefält. Gleichwie aber nach dem Zeugnis des von ihm angeführten Goldasts dieser See schon vor Christi Geburt den Namen Lacus Acronius geführt, auch wie wir solches schon oben bemerkt, von den Römern selbst zum theil und zwar zu einer solchen Zeit also genannt worden, da noch keine eigentliche Sueven sich in diesen Gegenden niedergelassen oder gewohnet, als kann man dieser Meynung nicht wohl beytretten. Wollte man sagen, die Allemannier hätten unserm See diesen Namen beygelegt, so ist dieses eben so unwahrscheinlich; dann ob wohl sie die Ufer und benachbahrte Landschaften desselben fruher besucht, und die in denselben gelegene Römer oft angefallen, so ist doch auch dieses viel später geschehen; dann wann gleich zugestanden werden kann, daß unter den gedachten Allemanniern ein guter oder der gröste Theil Sueven gewesen, mithin oft mit denselben für einerley Nation gehalten worden; so ist doch glaublicher, daß die nach den Allemanniern in diese Gegenden gekommene unvermischten Sueven (von welchen hinnach das Land den Namen behalten) unsern See Mare suevicum mögen genannt haben; es bleibt mithin noch immer ungewiß, wohero er den Namen Lacus Acronius erhalten habe.

Ferner wird dieser See Lacus Moestus geheissen; diesen Namen solle er von den Moestern, die dessen untere Ufer bewohnt, und dahero die Stadt Costanz die an solchem bey dem Ausfluß des Rheins erbauet wurde, Moesopolis genannt worden seyn. Nun war Mösien ehedem eine Provinz von Illy-

 rien,

rien, von dannen die Vindelicier in diese Gegenden gekommen; mithin mag ein Theil von ihnen diesen besondern Namen geführt, also die untere Gegend des Sees von Costanz bewohnt, und also benannt haben; von welcher hernach zuweilen auch der See also genannt wurde.

Sonst hieß dieser See auch Lacus Venetus, welcher Name auch von den Sueven herrühren möchte, die ehedem einen Theil des venedischen Meerbusens an dem balthischen Meer bewohnt, dann diese Nation dehnte sich bekanntermassen sehr weit aus; weil aber die römische Scribenten dieses Namens ebenfalls auch schon Erwehnung thun, so hat solche Meynung auch wenig Wahrscheinlichkeit. Zu unserer Zeit wird er auch oft Lacus Constantiensis oder der Costanzersee; gemeiniglich aber Lacus Bodamicus, oder auf teutsch der **Bodensee** genannt; welchen Namen einige von seiner Tieffe herleiten; wie er dann bey Mörspurg 300. Klafter tief seyn solle, welches sich aber nicht zu allerzeit so verhalten wird; am wahrscheinlichsten erhielt er diesen Namen von dem königlich fränkischen an dem untersten Arm desselben ehemahls gelegenem Schloß Potamum oder Potama oder Bodmen genannt, nach welchem er der Bodmer oder Bodmansee genannt worden seyn mag, welches Wort dann endlich die Benennung des Bodensees veranlaßt haben kann. Andere aber sind hierüber noch anderer Meynung. Auch wurde dieser See der **Wytsee** d. i. der weite oder breite See genannt, und so mögen ihne vornemlich die Anwohner an dem mittlern Theil des-

sel-

selben, wo er besonders zwischen Arbon und Buchhorn am breitesten ist, genannt haben; so viel mag dann von den verschiedenen Namen dieses Sees genug gesagt seyn. Was dessen erste Anwohnere betrift, so bestunden sie aus drey verschiedenen Völkerschaften, und zwar

1) Aus den Rhätiern, die den obersten aber kleinsten Bezirk an demselben bewohnten. Dieser erstreckte sich von dem kleinen Flusse Lieblach zwischen dem bregenzischen und lindauischen Gebieth rings um den See biß an den Einfluß des Rheins in denselben an der helvetischen Seite. Sie werden von den römischen Scribenten gleich ihren Nachbahrn den Vindeliciern, die ebenfalls von ihrer mächtigen Nation besieget wurden, als ein dem Raub und Mord ergebens Volk beschrieben, um vermuthlich durch solches Vorgeben deren Unterjochung zu beschönigen. Wann aber diese Völker ihre Geschichte eben sowohl hätten beschreiben können als die Römer, so möchte es ihnen vielleicht an Beweisen zur Wiederlegung solcher Beschuldigungen nicht gefehlt haben. Daß inzwischen diese Völker eine vorzügliche Tapferkeit besessen, erheület schon daraus, weil sie von den Römern am spätesten überwunden wurden, welches vielleicht diese auch mehr ihren Listen und Ränken als ihrer Ueberlegenheit mögen zu danken gehabt haben. Die Rhätier verwechselten nach und nach ihre alte Sprache mit der teutschen durch die Nachbahrschaft mit den vorgedachten Vindeliciern, die solche Sprache redeten, und die hinnach fast in ganz Rhätien allgemein

wurde, so daß die alt rhätische Sprache heut zu Tage nur noch theils Orten in Bünden, wiewohl etwas verschieden geredet wird.

2.) Jenseits des Rheins waren die Helvetier celto gallischen Ursprungs, wie wohl sie mit diesen Völkern in keiner weiteren Verbindung stunden, von denen sich einige die noch keine eigene Wohnsize hatten, in der Nachbahrschaft des Bodensees niedergelassen, so nur wenige Jahrhundert vor Christi Geburt geschehen seyn mag. Die Römer besiegten sie bereits (noch vor ihren Benachbahrten) unter ihrem Feldherrn Cäsar; dieser theilt ihre ganze Nation, die vorhin ein freyes herumstreiffendes Leben führte, in vier Völkerschaften, die so viel besondere Gowe oder Landschaften besassen als: Tigurinus, Tugenius, Ambroinus & Urbigenus Pagus. Ohne Zweifel gehörten zu dem ersten Gow oder Pagi die Anwohnere des Bodensees. Die Tiguriner bewohnten eigentlich die Gegend die man unter dem Zürich-Gow begriff, der aber in den ersten Zeiten von dem weitläuffigern Thurgäu umschlungen, und daher mit darunter verstanden wurde.

Die dritte Anwohnere des Sees waren die Vindelicier, und zwar an der schwäbischen Seite desselben die ihrer Sprache wegen unter die teutsche Völker gerechnet wurden: sonst aber ursprünglich nach der gemeinen Meynung von den Illyriern herstammten, von denen sie eine besondere Völkerschaft ausmachten, die sich in kleinere Par-

theyen,

theyen vertheilte, die wieder besondere Namen führten; diese Vindelicier kamen nach der wahrscheinlichsten Vermuthung um das Jahr 170. vor Christi Geburt in diese Lande, nachdem sie wegen der unruhigen Nachbahrschaft mit den Römern ihre alten Wohnpläze in denen sie vermuthlich noch ohne eine bürgerliche Verfassung gelebet, verlassen hatten; um sich in solchen niederzulassen, wo sie ihrer Meynung nach vor der herrschsüchtigen römischen Nation gesicherter seyn würden, worinn sie sich jedoch hinnach betrogen fanden.

Sie waren mithin ein von den benachbahrten Rhätiern und Helvetiern ganz verschiedenes Volk; welches wie gedacht anfänglich ebenfalls ein herumstreiffendes Leben mag geführt haben, biß es sich in unsern Gegenden seine Wohnsize gewählt, das Land vertheilt, das Eigenthum unter sich eingeführet, da sie dann die Thierhäute von sich abgeleget, mit denen sie sich gleich andern Völkern so lang sie nur von der Jagd gelebt, bekleidet, anbey sich durch einige nähere Vereinigung unter ihnen nach und nach den Weg zur Errichtung bürgerlicher Gemeinden werden gebahnet haben, biß sie endlich obgedachtermassen von den Römern besieget wurden. Eine ausführliche Nachricht von dem alten Vindelicien, und dessen verschiedenen Bewohnern, so vormahls den grösten Theil des heutigen Schwaben und Bayerlands ausmachte, wie auch von dem nachmahligen Herzogthum Allemannien unter den Franken, von der Staats- und Privathaushaltung und dem Zustande desselben in dem mitlern Zeitalter; von der schädlichen Einrichtung und andern Beschwerden des Feldbaues in demselben u. s. w. findet man wie von dem heutigen Schwaben überhaupt in dem ersten Theil der obgedachten neuen Staats und Erdbeschreibung des schwäbischen Kreises u. s. w. eine umständliche Nachricht.

Was nun die an diesem See jeziger Zeit gelegene Städte, Klöster, Flecken und Dörffer betrift, so werden wir es aus angeführten Ursachen meistens mit deren blossen Anzeige bewenden lassen; und gelegentlich nur allein bemerken, wo der eint oder andere Ort in den verschiedenen Zeichnungen von diesem See entweder gar weggelassen oder unrichtig gesezt worden.

Gleich oben an demselben unter dem daranstossenden Gebirge befindet sich

Bregenz eine österreichische zu den vorarlbergischen Herrschaften gehörige Stadt; unter den Römern gieng die allgemeine Heerstrasse aus Helvetien nach Vindelicien hier durch. Das an und ob dieser Stadt gelegene Schloß Pfannenberg wird insgemein in den Karten unrichtig so vorgestellt, als wann es merklich von derselben entfernt läge; nicht ferne von hier ist

Mehrerau eine benedictiner Abtey so für das älteste Kloster dieser Enden gehalten wird; in dessen Nähe fließt der Fluß Bregenz aus dem von ihm oder der vorgedachten Stadt gleichen Namens genann-

ten

ten Wald in den See; dieser Fluß heißt zwar insgemein hier in der Gegend selbst nur die Aach dahero er auch fast in allen Karten also oder die bregenzer Aach wie wohl fälschlich genannt wird; dann sein eigentlicher Name heißt wie vorgedacht Bregenz; ob die vorerwehnte Stadt dieses Namens also von ihm genannt worden, oder ob er solchen Namen von derselben erhalten, ist ungewiß, nur in den hurterischen Tabellen von Schwaben wird er mit seinem eigentlichen Namen genennet.

Hard ein Pfarrdorff so meistens von Fischern bewohnt wird; auf dessen benachbahrtem Ried die kaiserliche und schwäbische Bundesvölker von den Eydsgenossen 1499. eine harte Niederlage erlitten; die Lautrach fließt hier in den See.

Eine Stunde davon ist

Fussach so wegen der Ueberfahrt über den See ebenfalls unter dem Namen Fossone erbauet und bekannt war; die hiesige sogenannte Aach heißt ebenfalls gleich dem Dorff Fussach; ob sie schon auch ebenfalls in den Karten insgemein Aach genannt wird; da hingegen auch die hurterische Tabellen ihr den rechten Namen beylegen; in einigen wird sie die dorrenbürer Aach genannt.

Gaissau ein österreichisches kleines Dorff, so nebst Rohr noch disseits des Rheins lieget, zwischen solchem, und dem jenseits dieses Flusses liegendem Dorffe

Alten Rhein ströhmet dieser Fluß in den See, und scheidet mithin die diesseitige vorarlbergische Herrschaften von Helvetien; nicht ferne davon lieget

Staad, welches Dorff zum theil unter die altstiftische Landschaft St. Gallen gehört; der durch dieses Dorff fliessende Bach scheidet das Gebieth dieser Abtey und das Rheinthal solchermassen von einander, daß der St. gallische kleinere Theil des Dorfs unter das Rorschacheramt; der grössere Theil desselben aber einen Theil des rheinthalischen Hofs Thal ausmachet. Es ist hier eine bequeme Schifflände, und guter Weinwachs, wo mehrere mit schönen Lusthäusern gezierte Land- und Reebgüter befindlich.

Auf dieser helvetischen Seite des Bodensees ist die Aussicht über denselben und gegen die schwäbische Ufer so entzückend schön, daß der grosse Bodmer über diesen bezaubernden Anblick äusserst gerührt wurde. Er hat in seinem bekannten Gedichte der Landbusen folgende Schilderung von demselben entworffen; und zwar bey vorgedachtem Thal dessen anmuthige Lage seinem Namen gemäß in einem Thal zwischen zwey Bergen befindlich; es stoßt dasselbe gegen Mittag an die Appenzellergebirge, gegen Mitternacht aber an den mit Reeben bepflanzten Buchberg. An dessen äussersten Spize biethet sich bey dem so genannten steinernen Tisch eben die schönste Aussicht dem menschlichen Auge dar. Der Rhein scheinet diese anmuthige Gegend

selbst

selbst mit Unwillen zu verlassen, und nach demselben zurück zukehren, wie solches auch Herr Bodmer nicht unbemerkt läßt:

Billich kehret der Vatter Rhein mit geändertem Sinne
Wieder zurück, das Ufer des milden Thales zu küssen
Als er schon hinter Geissau den Weg nach Osten gesuchet.
Fleuß o günstiger Strohm an Rheinecks grüssenden Ufern
Ewig den nächsten Weg zu Bodans Gründen hinunter
Welche dich einzunehmen ein tiefes Beete gegraben.
Oftmahls folg ich dir mit dem Aug an der Ecke des Buchbergs;
Jeglicher Tritt den ich steig, und jede Wendung des Leibes
Stellt vor mein Haupt das Land und die Luft in neuen Gestalten.
Dort umzäunen mit stumpfen Pfeilern die Durchsicht in Südosten
Algöus Gebirge; da sind Berg auf Berge gethürmet
Hinter den vordersten ragt, doch ferne von ihnen getrennet

Thür=

Thürmend ein neuer hervor, und schaut auf jene
herunter.
Nach und nach werden sie kürzer die östliche Seite
herüber
Biß sie in Schwabens Pläne zu nidern Hügeln
sich senken.
Hier hat nordwärts die alte Natur ein Becken ge-
graben,
Weit und tief den Reichthum des Vatters Rheins
zu empfangen
Einen Pocal in der Hand der Natur in menschli-
chen Augen
Ist es ein Abgrund mit Kammern und tieffen Hö-
len versehen
Meere von Wassern, die da der Rhein vergeußt,
zu behalten.
Ueber die wallende Pläne der See von Ufer zu
Ufer.
Werf ich mit ebenem Strahl den Blick die Quer
und die Länge
Einen zirklenden Raum im Morgenglanze ver-
breitet;
An den bekränzenden Ufern mit hochgedacheten Häu-
sern
Prächtig geschmückt; ich sah im weissen Schimmer
sie stehen;

Sehe

Sehe vor andern die Seestadt Lindau im Wasser gebauet

Durch den engesten Hals mit Schwabens vesten verknüpfet.

Noch müssen wir anmerken, ehe wir weiter gehen, daß obige Gränzscheidung in dem Dorffe Staad in keiner Karte auch das Dorff alten Rhein nur in derjenigen bemerkt wird, so in dem Matthäus Seuterischen Verlag in Augspurg von unserm See besonders heraus gekommen; unweit Staad befindet sich das Schloß Wartegg.

In dem Fürstl. St. gallischen Gebiet lieget

Rorschach ein ansehnlicher Marktflecken und besonders Amt an dem See; der eine zimliche Niederlage und wöchentlich einen starken Fruchtmarkt hat, verschiedene reiche Handelshäuser treiben einen starken Leinwandgewerb allhier; weiter hinabliegt

Steinach oder Niedersteinach in das gleiche Amt gehörig so ebenfalls eine Güterniederlag hat; an dieses Amt stossen die altstiftische costanzische Herrschaften; unter diesen ist:

Horn ein Dorff, unter die Obervogtey

Arbon gehörig, dieses Arbon wurde ehedem Arbor Felix von denen Römern genannt. Die meiste Einwohner sind reformirt die übrige catholisch;

lisch; auch giebt es einige lutherische Handelshäuser allhier. Zwey Stund von hier liegt

Rommishorn, dieser Ort war ebenfalls wie obengedacht schon unter den Römern bekannt; es ist eine grosse Pfarre; deren Glieder sich theils zur catholischen theils zur reformirten Lehre bekennen; auch ist eine Schifflände allhier. Zwischen Arbon und Rommishorn findet man in allen Karten und Zeichnungen von unserm See einen zwar nicht beträchtlichen Ort Luxbühel zum theil auch Luxburg genannt, der aber in keiner geographischen Beschreibung der Eydsgenossenschaft und selbst in der Fäsischen nicht bemerkt wird; er soll vermischter Religion und nach Arbon pfarrgenössig seyn, auch noch unter dasige Obervogtey gehören.

Utwil ein grosses evangelisches Dorff; nach Münsterlingen gehörig, mit einer guten Niederlage.

Keßwilen ebenfalls ein evangelisches Dorff; in einem ganzen Gericht bestehend.

Güthingen ein Dorff und Schloß, so von dessen ehemahligen Eigenthümern seinen Namen führet.

Münsterlingen ein Frauenkloster eine Stunde von Costanz; dessen Stiftung in das 10te Seculum gesezt wird.

Creuz-

Creuzlingen so ein Collegium regulirter Chorherren enthält; unter dessen Gerichtsbahrkeit, die an diesem See wohlbekannte Schifflände oder Ståde das Hörnlein genannt befindlich, so in keiner andern Carte als in der seuterischen von Augspurg vorkommt; wo aber solche Schifflände fälschlich jenseits des Sees hin unter Costanz verlegt worden. Nächst bey Kreuzlingen ist die österreichische Stadt Costanz; die durch ihre vorige Gewerbe über die Stadt Bregenz sich dermassen empor hob, daß der See in den spätern Zeiten nach ihr der costnizer See genannt wurde; noch berühmter wurde sie durch das hier gehaltene Concilium; wodurch sie aber ihren alten Flor verlohr; eine umständliche Beschreibung derselben wird in dem Suplement der neuen Topographie von Schwaben vorkommen. Nicht weit von dieser Stadt an der schwäbischen Seite liegt in der Hausen so in wenig Karten vorkommt, auch eben von keiner Erheblichkeit doch hier in so fern zu bemerken ist, weil eine Anländung oder sogenannte Ståde hier befindlich; die von den Schiffleuten insgemein das Käntlein vermuthlich von dasigem Würthshause genannt wird; statt dessen wurde in der seuterischen Karte das sogenannte jenseits des Sees bey Kreuzlingen liegende Hörnlein anhero verlegt; wie solches so eben bemerkt worden. Unter dieser Stadt liegt

Gottlieben eine alte stiftcostanzische Herrschaft, in einer Obervogtey bestehend; darinn Gottlieben ein anmuthiger Flecken mit einem festen Schlosse an dem Untersee bey dem Einfluß des

 Rheins

Rheins in denselben befindlich; 1736. erhielten die Einwohner die sich zur reformirten Lehre bekennen, von dem hohen Stand Zürich die Erlaubnis eine Kirche zu bauen, die 1754. zu einer Pfarre gemacht wurde; nicht weit davon liegt

Triboldingen, wohin vorgedachter Flecken vormahls pfarrgenössig gewesen; gehört unter die Obervogtey Reichenau; weiter unten liegt:

Ermatingen ein schöner wohlhabender Flecken vermischter Religion; soll ehedem eine Curtis regia oder königlich Tafelgut gewesen seyn; unter demselben ist

Mannebach so einen catholischen Cappellan hat, und auch unter die Obervogtey Reichenau gehörig ist.

Berlingen ein evangelisches Pfarrdorf; nicht ferne davon ist

Steckbohren eine kleine Stadt an dem See catholisch und reformirter Religion; deren jede ebenfalls einen besondern Pfarrer hat; die Stadt hat ihre besondere Freyheit und Siz und Stimme auf den Gerichtsherrentagen; in der Nähe derselben ist

Feldbach ein Frauenkloster auf einem in diesen See sich erstreckenden Horn.

Mamren ein Schloß, eine Stunde oberhalb Stein; die Gerichte gehören dem Kloster Rheinau, so solche durch einen Conventualen als dessen Stadthalter verwalten läßt.

Auf der andern oder schwäbischen Seite des Sees auf die wir nun gelangen, befinden sich die in die Landgrafschaft Nellenburg zum theil gehörige Dörffer: Kattenhorn, Wangen, Marbach, und Haimhofen. Ob dem letztern Dorffe liegt die reichenauische Vogtey Geyenhofen an dem See; jenseits desselben aber findet man Katholfzell ein Städtgen ebenfalls in die Landgrafschaft Nellenburg gehörig; (der Untersee wird auch nach diesem Städtgen der Zellersee genannt. Es hat einen guten Fruchtmarkt.

Fernerhin lieget gegen die schwäbische Seite Hegnen und denselben gegen über auf einer Insul die ehemahlige Benedictiner Abtey Reichenau, es soll sich noch ein ansehnlicher Bücherschaz hier befinden.

Bey obigem Dorff Hegnen ziehet sich der See bey dem Kloster Petershausen hin; da der Rhein seinen Ausfluß aus dem See hat. Er macht an dieser Seite einen besondern Busen, der sich bey 6. Stunden weit gegen die schwäbische Seite erstrecket; an demselben befinden sich ausser der Commenturey Meinau, die Dörffer Staad, Allmannsdorf, Dingelsdorf, Wollhausen und Altenburg u. s. w. An dem Ende dieses Seebusens ist das uhralte Schloß Bodmen so bereits zur Zeit der fränkischen Königen ein Schloß war, worinn sich 839. Ludwig der Fromme selbst aufhielt; die vorgenannte Dörffer gehören zu der Commenthurey Mainau. Disseits dieses Seebusens der zum Unterschied des Zeller- oder Untersees auch der Ueberlingersee genannt wird, liegt

Sernatingen in der Landgrafschaft Nellenburg; wo eine Anlände und wochentlicher Kornmarkt ist, und fernerhin das Dörfflein Siplingen nahe dabey aber das Dörfflein Goldach, die noch in das Nellenburgische gehören. Ob solchen liegt

Ueberlingen die bekannte Reichsstadt, die an diesem See einen zimlichen Transito und einen der stärksten Fruchtmärkte hat. Sonst war diese Stadt ehedem wegen ihrer annehmlichen Lage eine Residenz der alten Herzoge von Schwaben; nicht ferne von derselben siehet man die Dörffer Nußdorf und Murach wie auch Uldingen, wovon das leztere unter fürstenbergischer Herrschaft stehet, jene aber nach Salmannsweil gehörig sind. Weiter hinauf die fürstlich bischöfliche Residenz

Meers- oder Mörsburg; dieser Ort soll bereits unter den fränkischen Königen merovingischen Stammes von einem derselben Namens Dagobert erbauet worden seyn; er gelangte endlich von den Herzogen von Allemannien an die Grafen von Rohrdorf, und von diesen an das Bistuhm Costanz; weiter hinauf findet man Haltnau, Hangnau, Kirchberg und Jmmenstatt; deßgleichen Fischbach, Manzell, Seemoos, das Klo-

ster

ster Hofen der Abtey Weingarten gehörig; endlich aber

Buchhorn eine kleine Reichsstadt, die eine Güterdurchfuhr und bayrische Salzniederlage hat, nebst dem Dorf Eriskirch. Jenseits des Flusses die Schussen genannt, ist der jezige österreichische Marktflecken

Langenargen der 2. Stunden von Buchhorn entfernt ist; das nächst bey demselben auf einer kleinen Insul in dem See gelegene Schloß Argen wurde 1332. von Graf Wilhelm von Montfort erbauet; eine Stunde weiter hinauf lieget der kleine Weiler

Kreßbrunn; wo auch eine kleine Anlände oder sogenannte Städe mit einer Fruchtdurchfuhr über den See ist; an diese Herrschaft Langenargen gränzet die ebenfalls an diesem See liegende und zu Oesterreich gehörige Herrschaft

Wasserburg deren Pfarrkirche nebst dem herrschaftlichen Schloß, Pfarrwohnung, Würthshause u. s. w. auf einer in den See hineingehenden kleinen Erdzunge gebauet ist; es befindet sich hier ebenfalls eine Anländung wie an dem benachbahrten und ebenfalls an diesem See gelegenen und in diese Herrschaft gehörigem Dorf Nonnenhorn. Eine gute Stunde von dem Schloß Wasserburg befindet sich die Reichsstadt

Lindau; die ebenfalls schon unter den Römern und zwar bereits unter dem Kaiser Augusto zu bauen angefangen wurde, wie dann an der bey dem Landthor befindlichen sogenannten Heidenmauer noch ein beträchtliches Merkmahl der römischen Baukunst zu sehen ist. Es hat diese Stadt einen der sichersten Seeporte oder Hafen an diesem See so insgemein der Damm genannt wird; der vornehmlich durch die bereits ebenfalls von den Römern wiewohl etwas später erbaute Burg wohl verwahret wird; auch dienet zu mehrer Sicherheit der Schiffahrt dieser Enden die um die Stadt gegen dem See erbaute Thürne zu Beobachtung der Schiffe auf dem See, damit denenselben bey gefährlicher Witterung oder aus gebrochenen Stürmen könne eiligst zu Hülfe gefahren werden; wie dann besonders an dem nächst dem Damm oder Hafen erbauten Thurn eine grosse Laterne bey dunkler Nachtzeit ausgehängt wird, damit die auf dem See befindlichen Schiffe sich in ihrer Fahrt desto leichter nach dem Ort wohin sie gedenken oder bestimmt sind, richten können. Auch ist der Schiffahrt auf diesem See seit wenigen Jahren eine grosse Bequemlichkeit dadurch verschaft worden, daß nun die Schiffe bey Tage und bey Nacht aus- und einfahren können; da vorhin bey annähender Dämmerung und Beschliessung des Landthors auch der Einlaß in den Hafen oder die sogenannte Lucken geschlossen, und vor Tagesanbruch nicht mehr geöfnet wurde. Diese Bequemlichkeit wurde zu gleicher Zeit den Fremden und Einheimischen auch von der Landseite verschafft; die vorhin nach geschlosse-

nen

nen Thoren um kein Geld weder ein- noch ausgelassen wurden, und die nun ebenfalls die Thore zu aller Zeit gegen ein geringes Sperr- oder Einlaßgeld offen finden, als die nun Nachtszeit offen gelassen werden; übrigens findet man von den noch wenig bekandten besondern Schicksalen dieser Stadt in der mehr gedachten neuen Staats- und Erdbeschreibung des schwäbischen Kreises eine ausführliche Nachricht auf die wir uns hier kürzehalber beziehen. Eine halbe Meile obvorgedachter Stadt lieget das sogenannte

Bäumle nächst an der Clus vor Bregenz; der erste Ort in dieser österreichischen Herrschaft an den Gränzen des lindauischen Gebieths; der wegen dasigem Zollhaus, Eisenschmelze Kohlenbrennerey, Schiffstände, und auch darum zu bemerken ist; weil hier gegen dem Frühling insgemein jährlich mit den Rebstecken, die in Bregenz und dem benachbahrten Allgöw verfertiget, und fast an alle Orte des Sees verkauft werden, eine zeitlang wöchentlich 2mal Markt gehalten wird.

Zweites Kapitel.

Von der landesherrlichen Hoheit über den Bodensee, und wem solche heute zu tage zustehe? und welch andere Rechte, die daran liegende Stände und Ortschaften an solchem besizen?

Die Frage, ob die Meere und deren Gebrauch wie andere Sachen die nach dem Völkerrecht gemein sind, einer Oberherrschaft fähig seyen, mithin gewissen Gesezen, Ordnungen auch Verträgen zwischen den Mächtigen der Erde können unterworffen, auch von der eint oder andern Macht oder von mehrern zugleich, als ein Eigenthum behandelt und besessen werden? über deren Untersuchung und Beantwortung die Staats- und Rechtsgelehrte unserer Zeiten sich schon oft die Köpfe zerbrochen, ist vielleicht noch eben so unentschieden, als diejenige: wie weit sich die besondere Oberherrschaft der verschiedenen an solchen Meeren gelegenen Reiche und Staaten in solche hinein erstrecken? da hier von keinen dergleichen unübersehbahren Gewässern, sondern von solchen grossen schiffbahren Seen die Rede ist, die innerhalb eines gewissen Reichs oder Staats und deren Gränzen gelegen, mithin deren Ufer leicht können übersehen werden; so kommen obige Fragen hier in keinen Betracht; in dem noch niemahlen ein Zweifel entstanden, daß über solche mehr eingeschränkte Meere oder Seen nicht allein eine landesherrliche Hoheit könne erhalten, sondern auch eigenthümlich in Gemeinschaft mit andern oder

allein

allein besessen werden, wann nämlich mehrere grosse oder kleine Stände an einen solchen See gränzen.

Von solcher Art ist nun unser sogenanntes Mare Suevicum vulgo Lacus bodamicus, oder unser weitläuffiger und unter allen teutschen Seen von den ältesten Zeiten hero vorzüglich berühmter Bodensee von welchem die Oberherrschaft verschiedene an denselben gränzende Staaten nach Maasgabe ihrer daran besizenden grösseren oder kleineren Gebiethe inne haben; überhaupt aber ist die Landesherrliche Hoheit über denselben zwischen dem schwäbischen Kreis und der löblichen Eydsgenossenschaft fast allein getheilt, weil die daran liegende Gebiete und deren Ufer gröstentheils ihnen zugehören, mit Ausnahm derjenigen Herrschaften oder Bezirke, die dem durchlauchtigsten Haus Oesterreich und dem fürstlichen Stift St. Gallen daran zustehen. In dem allgemeinen Rechten nach ausgemacht ist, daß die Herrschaft über dergleichen Seen demjenigen Stand oder gemeinen Wesen, so die demselben nächst gelegene Landschaften, Seehäfen oder Anländung wie auch andere umliegende Orte besizt, zukommen; dahero gleichwie die durch gewisse Landschaften lauffende Flüsse zu solchen Kraft der Territorialrechte so weit gehören, als solche ihre Gebiete durchströhmen, so wird auch insgemein ein Theil eines Sees so weit zu einer an derselben gelegenen Land- oder Herrschaft gerechnet, als ihr Gebiet sich an dessen Ufern hin erstrecket; so daß ein solcher Theil des Sees unter die gleiche Territorialherrschaft gerechnet wird, als das daran gelegene Land; wie solches vornämlich der gelehrte Herr Verf. der Diss. inaug. de Jure Maris Suevici insbesondere von unserm Bodensee mit guten Gründen der berühmtesten Staats- und Rechtsgelehrten erwiesen, und hieraus die fernere Wirkungen und Folgen solcher besondere Seerechte, die alle einzelne Stände und deren Anwohnere an unserm See zu geniessen haben, auch wirklich geniessen, mit neuen rechtlichen Beweisen in ein deutliches Licht gesezt; mit deren Anzeige wir hier manchen Lesern hoffentlich eine Gefälligkeit erzeigen werden; es sind aber die Wirkungen und Folgen solcher Seerechte nachstehende:

1.) Da unter dem See jedes Standes oder Ortes obgedachtermassen nur so viel begriffen wird, als sich dessen Gebiet oder Landschaft an dessen Ufer hin erstrecket, so wird auch was in einem solchen Antheil oder Bezirk des Sees befindlich, oder an dessen Ufer gefunden, oder gefangen wird, solchergestalten angesehen, daß es zu der daran gelegenen Land- und Herrschaft gehöre, und nicht ausser derselben Bezirk sey.

2.) Daß folglich aus dem blossen Besiz einer an dem See gelegenen Landschaft auch die Vermuthung entstehe, daß ihr von solchem so viel zukomme, als gedachte Landschaft daran reichet; wann auch gleich der Besizer derselben auf solchem Antheil des Sees die ihm darauf zukommende Rechte nicht ausübte; wann nur die benachbahrte Herrschaft

schaft ihm solche nicht streitig macht; oder selbe streitig zu machen, kein gegründetes Recht aufweisen kann; wann demnach

3.) der Kaiser einem gewissen Stand oder Ort die Herrschaft mit aller Zugehörde auch alljeglicher Gerichtsbahrkeit überläßt, oder jemand eine solche an dem See gelegenen Landschaft käuflich auf gleiche Weise an sich bringt; so wird hierunter nicht bloß die Landschaft sondern der dazu gehörige Antheil des Sees mitgerechnet; wer solchemnach

4.) die Jurisdiction in einer nächst am See gelegenen Landschaft besizt, hat die Vermuthung vor sich, daß ihm solche ebenfalls auf dem dazu gehörigen Bezirk des Sees, wie auch in denen nächst gelegenen Häfen, Städinen oder Anländungsorten und allenfalls auch auf denen dazu gehörigen Insuln zukomme; folglich ihm mit gegründetem Recht solche Häfen, Anländungsorte und Insuln zu eigene; indem in zweifelhaften Fällen sie demjenigen nach gemeiner Vermuthung zugehören, dem sie am nächsten gelegen sind; und gleichwie

5.) diejenige welche zu Lande ihre Gerichtsbahrkeit durch gewisse Gränzzeichen kenntlich machen, und zeigen, wie weit solche reiche; so können auch benachbahrte Herrschaften an der See dergleichen haben; wie dann solche Gränzzeichen hin und wieder durch Steine und Pfähle zur Nachricht der Schiffleute und Fischer gesezt werden; sie können auch den Bezirk ihrer Gerichtsbahrkeit auf dem

See

See durch andere Zeichen kennbahr machen; und da auch

6.) diejenige, so zu Land ein Verbrechen verübet, an dem Ort wo sie solches begangen, vorzüglich zu bestraffen sind; so muß es auch von den Verbrechen die auf dem See begangen werden, geschehen; nämlich an dem Ort unter dessen Jurisdiction derjenige Bezirk des Sees gehöret, auf welchem der Frevel geschehen; und dessen Hafen oder Anlandungsort ihm am nächsten gelegen ist; wie dann alle Rechtslehrer hierinn miteinander einig sind, daß auf jedem Meer oder See die Bestraffung der auf solchem begangenen Verbrechen der nächst gelegenen Herrschaft zu komme. Wann aber

7.) das Verbrechen auf einem Bezirk wäre verübet worden, der in gleicher Weite von zweyerley Herrschaften abgelegen wäre; so würde die Untersuchung desselben beeden Theilen zugehören, weil es an den beedseitigen Gränzen begangen worden; doch würde alsdann das Jus præventionis dabey statt finden, daß wer sich am ersten des Uebelthäters bemächtigte, solcher auch denselben zu bestraffen vorzüglich berechtiget wäre. Was nun

8.) der Verbrechen halber gewöhnlich und Herkommens, beziehet sich auch auf die Contracte, und zwar solchermassen, daß jeder Contrahent, der einem Contract zuwieder handelt, oder solchem ein Genügen zu leisten, in viel oder wenig Stücken sich weigert, vor dem Gericht desjenigen Seeorts kann

kann belangt werden, unter dessen Jurisdiction der Contract zu Wasser oder zu Land geschlossen oder bestätiget worden, oder wohin der dawieder handlende gehöret. Gleichwie auch

9.) jeder Fürst und Stand auf dem Lande alle darausfliessende Einkünfte und Nuzniessungen zu beziehen hat, so gehören ihm auch auf gleiche Weise alle Vortheile, Einkünfte und Nuzungen zu, die er aus dem seiner Oberherrschaft unterworffenen Seebezirk erlangen kann. Nämlich aller Gebrauch des innern Theils desselben, und was in solchem gefunden oder gefangen wird, so man als dem Fisco oder gemeinen Wesen gehörige Güter ansehen kann. Das gleiche Recht nun, das

10.) in einem nächst gelegenen Seebezirk ausgeübet werden kann, beziehet sich auf die Ufer desselben; welche Gerichtsbahrkeit Jurisdictio littoralis genannt wird; mithin jeder Seeort an solchen die gleiche Gerichtsbahrkeit, wie auf seinem Seedistrict oder dem innern Theil des Landes besizt, folglich an solchen alle Oberherrschaftsrechte gleichmässig ausüben, mithin auch alle nöthige Anstalten zur Erhaltung der allgemeinen Sicherheit an denselben treffen kann; wie solches auch von denen an dem See gelegenen Ständen des schwäbischen Kreises geschiehet; dahero auch in den Recessen und Edicten desselben insgemein verbotten wird:

„daß mit armirten Schiffen an des andern Ge„stad kein Actus vorgenommen oder ausgeübet wer„den

„den soll; worunter gleichwohl nicht begriffen,
„wann dergleichen Schiff durch Ungewitter und an-
„dere nothdringliche Zufälle angetrieben, oder ein
„mit verbottenen Früchten oder Waaren beladnes
„oder verdächtiges Schiff dahin verfolget wird, so
„zwar ohne Präjudiz gegen einander gestattet seyn
„solle; doch daß demjenigen dem die Bestraffung
„und Confiscation daselbst zustehet, die confiscable
„erfundene Früchte und Waaren samt den Malver-
„santen gegen Erstattung der Kösten auch der Helf-
„te der angehaltenen Früchten und Waaren auszu-
„liefern seyen.„

Und obschon die Ufer der Meere gemeiniglich so beschrieben werden, daß sie sich so weit erstrecken, als die gröste Flut derselben Winterszeit reiche; so hat es doch auch hierinn mit unserm See eine ganz andere Bewandsame, dessen Ufer sich Sommerszeit bey der höchsten Hize wegen Schmelzung des Schnees auf den damit bedeckten Alpen, oder jeweilen bey langanhaltendem starken Regenwetter sich viel weiter ausdehnen als im Winter, so daß der See oft 6 biß 8. Schuh anwächset, und denen daran gelegenen Landschaften dadurch auf vielfältige Weise grosser Schade zugefüget wird.

Ein neuerer Staatslehrer macht über dergleichen Zufälle an den Seen der Ueberschwemmungen halber folgende Anmerkungen, die hier vielleicht nicht an einem unrechten Orte stehen werden:

Wann

a.) Wann ein See der die Gränzen eines Staats ausmacht, demselben gänzlich zugehört, so gehört ihm auch der Anwachs des Sees zu; dieser aber muß unmerklich seyn; es muß auch ein beständiger und wirklicher Anwachs seyn.

b) Es ist also hier die Rede von einem unmerklichen Anwachs. Wann aber der Anwachs nicht unvermerkt geschiehet, wann der See in dem er aus seinen Ufern tritt, auf einmal eine grosse Landschaft überschwemmet, so gehört dieses neue Stück dieses Sees, dieses mit Wasser bedeckte Land noch seinem alten Herrn zu. Dann worauf wollte man die Erwerbung des Eigenthumes für den Herrn des Sees gründen? der Raum ist leicht zu erkennen, ob er gleich seine Natur verändert hat, und er ist zu beträchtlich, als daß man vermuthen dörfte, der Herr; desselben habe nicht im Sinn gehabt, ihn zu behalten, wann sich allenfalls eine Veränderung damit zutragen sollte. Wann aber

c.) der See unvermerkt ein Stück von dem entgegenstehenden Lande untergräbt, zerreisset, und kennbahr macht, und daselbst immer mehr um sich greift, so ist dieses Stück Erdreich für seinen Herrn verlohren; es ist nicht mehr vorhanden, und der solcher Gestalt angewachsene See gehöret seiner ganzen Grösse nach, noch immer dem Staate, dem er vorher zugehöret hat.

d.) Wann einige an den See stossende Ländereyen bloß durch die grosse Wasser überschwemmt sind,

sind, so kann dieser unstäte Zufall keine Veränderung in ihrem Eigenthume verursachen. Der Grund, warum der Boden, welchen der See nach und nach weggeführt, dem Herrn des Sees gehört, und für den alten Eigenthümer verlohren ist, bestehet, wann man Staaten gegen Staaten betrachtet darinn: daß ein solcher Eigenthümer keine andere Gränzen als den See, noch andere Merkmale, wie weit sich sein Landeigenthum erstrecke, als seine Ufer hat. Wann das Wasser unvermerkt zunimmt, so verliehrt, er wann es auf die gleiche Weise abnimmt, so gewinnt er. Aber einauf eine zeitlang überschwemmtes Land ist darum noch nicht mit dem übrigen See vermischt; es ist noch kennbahr, und der Eigenthümer kann sein Recht noch darauf erhalten.

Wäre dieses anders, so würde eine von einem See überschwemmte Stadt zur Zeit der Wassergüsse ihre Herrschaft verändern und zur Zeit der Tröcknung ihrem alten Herrn wieder heimfallen.

e) Aus dem nämlichen Grund gehört, wann das Wasser eines Sees in ein benachbahrtes Land dringet, daselbst eine Bucht und also auf gewisse Art einen neuen See macht, der mit dem alten durch einen Canal zusammen hänget, solch neu entstandenes Gewässer und der Canal dem Herrn des Landes, in welchem sie entstanden sind. Dann die Gränzen sind sehr kennbahr, und man vermuthet nicht, daß jemand im Sinne gehabt habe, einen so beträchtlichen Raum Landes zu verlassen, wann dasselbe von den Gewässern eines benachbahrten Sees überschwemmt werden sollte.

Man

Man kann hier noch anmerken, daß dieses von Staaten gegen Staaten gesagt wird; dann aus andern Grundsäzen wird diese Sache entschieden, zwischen Eigenthümern, welche Mitglieder eines nämlichen Staats sind. Hier bestimmen nicht bloß die Gränzen des Bodens, sondern auch seine Natur und sein Gebrauch den Besiz. Ein Privatmann der ein Feld an dem Ufer eines Sees hat, kann, wann es überschwemmet, dasselbe nicht als ein Feld geniessen. Derjenige der z. E. das Recht in diesem See zu fischen hat, übt sein Recht in diesem Raume aus; wann das Wasser zurück tritt, so gehört das Feld auch wieder seinem Herrn zu dessen Gebrauch zu. Wann der See durch eine Oefnung in die niedrige Ländereyen der Nachbahrschaft dringet, so gehört dieser neue See dem gemeinen Wesen zu, weil sie überhaupt alle dazu gehören.

Die nämliche Grundsäze zeigen, daß wann das an dem See gelegene Erdreich entweder durch Zuruckirettung des Sees oder auf andere Weise zunimmt, dieser Zuwachs dem Lande gehöre, an welches er stösset, wann das Land keine andere Gränzen als den See hat. Es verhält sich damit eben so, wie mit der Anspielung eines Flusses. Wann ein See ganz oder gröstentheils auf einmahl austrocknen sollte, so bleibet das Bette dem Herrn oder Staate des Sees, weil die so kennbahre Natur des Grundes dessen Gränzen hinlänglich bezeichnet. Wir kehren nach dieser wie wir hoffen nicht unnüzlichen Ausschweiffung auf die Wirkungen und

Folgen der besonderen Seerechte zurück, und bemerken

11.) daß gleichwie ein Regent oder Vorsteher eines Staats solchen vor Raub und anderm bösen Gesind wegen der allgemeinen Sicherheit zu Lande zu bewahren hat, so kann, und wird er solches wie jede andere Obrigkeit, die eine Gerichtsbahrkeit auf dem See besizt, solches, so weit solche reichet, auch auf diesem thun, um solchermassen den Schiffahrenden alle nöthige Sicherheit auch auf dem Wasser zu verschaffen; und da auch

12.) die Herrschaften zu Lande nicht gezwungen werden können, jede fremde Krämer und Kaufleute in ihren Gebieten aufzunehmen; es geschehe dann mit ihrem guten Willen, oder Kraft besonderer Verträge oder nach den Gesezen der Menschlichkeit und unter dem Beding, daß sie die schuldige Zölle, wo sie eingeführet, entrichten, und sich des geniessenden Schuzes nicht dadurch unwürdig machen, daß sie verbottene unerlaubte dem Lande schädliche Gewerbe treiben; so können sie auch nicht gezwungen werden, auf einem ihnen unterworffenen See die Ueberfuhr gewisser Früchte und Waaren zu gestatten, die in Kriegszeiten den Feinden zu ihrem Behuff zugeführt werden, wann es auch von neutralen Staaten geschehen sollte. Vielmehr können sie diejenige, die hierinn betrüglich gefunden werden, mit ihren Schiffen so lange anhalten, biß sie den verursachten Schaden ersezen, womit auch die Saz- und Ordnungen des schwäbischen Kreises übereinkommen, vermög, welchen in Kriegs-

Kriegszeiten die Ueberfuhr gewisser Waaren an verdächtige Orte nicht nur verbotten, sondern auch denen gewisse Belohnungen dafür versprochen werden, welche Schiffe auf Nebenwegen und Winkelschiffarten ausfindig machen.

13.) Gleichwie derjenige in den in seinem Gebiet befindlichen Gewässern seine Oberherrschaft wie auf dem Lande in Ansehung der Jagd und des Vogelfangs ohne Unterschied ausübet; so kann er auch die Fischgerechtigkeit auf dem ihm zustehenden Bezirk des Sees nach Gefallen ertheilen, und hierüber Gesez und Ordnungen, Fremden und Einheimischen vorschreiben, wie dann die davon abfallende Einkünfte unter die Regalien gerechnet werden.

14.) Was endlich das Recht der Schiffahrt betrift, so kommt dieses vornehmlich denen zu, denen ein See ganz oder zum theil zugehöret; gleichwie nun das Recht gemeine Landstrassen anzulegen derjenige Fürst oder Stand besizt, durch dessen Gebiet sie gehen, so kommt solchem auch das Recht der Schiffahrt auf dem ihm gehörenden See oder dem ihm daran habenden Antheil jedoch solchermassen zu, daß der Gebrauch solcher Schiffahrt sowohl den Unterthanen als Fremden unnachtheilig bleibe, und dabey die Rechte der Völker und Menschlichkeit unverlezt erhalten werden.

Gleichwie nun fast alle an unserm Bodensee gelegene Landschaften entweder zu der Eydsgenossenschaft oder zu dem schwäbischen Kreise gehören, so ist auch die

Oberherrschaft über denselben solchermassen vertheilt, daß sich die Hoheit der Eydsgenossen und des schwäbischen Kreises von beyden Seiten, so weit biß in die Mitte des Sees erstrecken, als die ihnen an demselben zustehende Landschaften reichen.

Es hat zwar das Haus Oesterreich (so nebst dem fürstlichen Stift St. Gallen auch Theil an diesem See hat) am Ende des vorigen Seculi wegen seiner an demselben liegenden Landschaft dem schwäbischen Kreise die ihm zukommende und hergebrachte Hoheit über diesen See streitig machen wollen; wogegen aber der Kreis deren Rechtmässigkeit klar dargethan und behauptet hat. Dieses geschahe damahls aus Veranlassung, da 1699. die Fruchtausfuhr kraft eines in der Reichsstadt Ravenspurg errichteten Recesses verbotten, und zu dem Ende einige Schiffe ausgerüstet und durch solche gewöhnlicher Weise den damahligen Uebertrettern solches Verbotts nachgespührt worden; da sich dann die costanzische und bregenzische Herren Commandanten dagegen gesezt, worauf aber der Kreis seine Gerechtsame durch eine besondere Schrift in der Folge deutlich darthat, und solche 1711. dem churfürstl. Wahlcollegio zu Einrückung in die damalige Wahlcapitulation zusandte, und zwar unter dem Titul:

Warum dem hochlöblichen Haus Oesterreich vom hochlöblichen Kreis und sonderlich dessen in und an dem See gelegenen Fürsten und Ständen, das sogenannte und neuerlicher Dingen

gen prätendirende Dominium Maris weder in Petitorio noch Possessorio eingestanden werden könne.

Wie dann auch der Kreis bißhero ungekränkt in dem Besiz seines hergebrachten Dominii gelassen worden. Es waren aber die Wörtlich angeführte Gründe desselben folgende:

„1.) Ist notorisch, was massen der freye Bo„densee biß auf Costanz zwischen dem schwäbischen „Kreis und der Eydsgenossenschaft die Gränzschei„dung constituiret; wie nun

„2.) die grade Linie von einem Termin biß „zum andern von lauter Kreisständen besezt wird, „also haben auch dieselbe

„3.) nicht allein seorsim sumti nach eines je„den Recht und Extension die Jurisdiction auf dem „See wirklich und ruhiglich je und allezeit exerci„ret, sondern auch

„4.) bey annahenden Feindsgefahren diesen „See als die Gränzen des Kreises mittelst geschlos„senen Allianzen mehrmalen in wirkliche Defension „gesezet, sonderheitlich aber die Vestung Lindau „samt mehr andern haltbahren Pläzen eine gewisse „receßmässige Anzahl Schiffe deßwegen armirt und „unterhalten; wie dann auch

 5) hieb-

„5.) hiebevor das hochfürstliche Kreisausschreib-
„amt von dem Commandanten zu Costanz so-
„wohl als

„6.) von den commandirenden kaiserlichen
„Generals mehrmal um Renovirung ermelter See-
„allianz und nothdürftige Defension des Bodensees
„innständigst ersucht, auch selbiges

„7.) nicht nur von kaiserlicher Majestät selbst
„durch eigene Abschickung ihrer Ministrorum den
„Bodensee beschlossen zu halten, und auf denselben
„die ins Reich erlassenen kaiserlichen Mandate zu
„exequiren allergnädigst requirirt, sondern auch

„8.) von höchst deroselben Envoyè in der
„Schweiz auf offentlicher Tagsazung zu Baden
„dißfalls die Partes des schwäbischen Kreises
„Masculè defendiret, und verfochten worden, wie
„dann

„9.) notorium, daß der Kreis mit disponi-
„ren und exequiren auf dem See je und allzeit ab-
„solutè verfahren, und wann

„10.) dagegen von den österreichischen Be-
„amteten etwas attentirt worden, selbige dem Par-
„ti læsæ eclatante Satisfaction verschaffen, und von
„dergleichen Execursionen ihrerseits wieder abste-
„hen müssen, und dahero

„11.)

„11 und 12.) Principes ac Status Imperii, „mit ihren angränzenden Land und Leuten das „Jus finium so gar wieder das Völkerrecht so „schlechterdings sich nimmermehr benehmen lassen „könnten noch würden; zumahl

„13.) Ex parte Oesterreich man zu diesem „See keinen andern Zutritt habe, als einerseits „wegen der Stadt Costanz; anderseits wegen der „Herrschaft Bregenz; derentwegen man sich doch „vorhin niemals von einem Dominio des Sees „etwas habe traumen lassen.„

Es können auch die Gründe des Kreises wegen seiner Oberherrschaft auf dem See in Herrn Staatsraths Mosers Anmerkungen zur Wahlcapit. Carls des 7ten nachgesehen werden.

Die alte Bundstädte am See errichteten auch bereits 1362. wieder die Appenzeller zu dessen Beschüzung und der freyen Schiffahrt auf demselben die damahls gestöhrt werden wollte, einen Vertrag, der biß an die Zeiten des schwäbischen Bundes gedauert, der mit der Gesellschaft St. Georgen Schildes 1488. geschlossen wurde.

Nach dem endlich auch dieser Bund seine Endschaft erreicht hatte, errichteten die Seestädte bey dem damaligen ausbrechendem Kriege ein neues Bündnis sowohl zu ihrer gemeinsamen Beschüzung, als daß sie den See sicher und offen hielten, wann sie feindlich angefallen werden sollten; da sie dann die alte Seebündnisse, durch welche sie unter sich vereiniget worden, erneuerten; welches alles mit Genehmhaltung des Creisdirectorii geschahe, ausgenommen, daß in den unruhigen Zeiten des dreissigjährigen Krieges die kaiserliche nnd österreichische Commandanten zu Lindau, Costanz, und Maynau sich der Oberherrschaft über den See eigenmächtig anmaßten, welches man in der damaligen Zeit geschehen lassen mußte. Ueber dem ist es eine allgemein bekandte Sache, daß der schwäbische Creis nicht allein von den ältesten Zeiten an, das Recht die Fruchtausfuhr über den See in die Schweiz zu verbieten, besessen habe, oder die gedachte Ausfuhr um des gemeinen Besten und der eigenen Nothdurft halber auf eine gewisse Quantität zu bestimmen; sondern auch in Kriegszeiten die kaiserl. Mandaten und Edicte, durch welche die Ausfuhr verbothener Waaren an Gewehr, Proviant, Vieh, und andere dem Feind dienliche Sachen untersagt wurden, zu exequiren. Zu dem Ende besasse er die allgemein erforderliche Gewalt, welche zur Beschüzung und Bewahrung des Sees, und der an selbigem gelegenen Orte, theils zu Bewachung der an dessen und des Rheins Ufern gelegenen offenen Nebenorte, erfordert wurde, die dahero mit bewehrter Mannschaft versehen und besezt wurden; und die anderntheils zur Ausrüstung und Bewafnung der Auslaufsschiffe durch welche der See durchkreuzet, und die Frucht und andere Schiffe durch die Jagden untersuchet wurden; die dann auch im Fall eines Verdachts oder der Uebertrettrettung zur Beute gemacht, und dem Fisco zuerkannt wurden.

Diese Bekreuzungen werden zwar denen verschiedenen an dem Bodensee gelegenen freyen und privilegirten Ständen kraft der Creisrecesse ohne Unterschied, jedoch auch ohne Nachtheil eines jeden Gerechtsame zugestanden. Weil aber nicht leicht an allen Orten solche Schiffe ausgerüstet und bewafnet werden können, so wird diese Sorge meistens dem jeweiligen Fürsten und Bischoffe von Costanz als Creisdirectoren, von diesem aber zum theil dieses Geschäfte in dem Oberntheil des Sees der Reichsstadt Lindau übertragen. So verfügt auch der schwäbische Crais die nöthige Bestellung der Aufseher in denen an dem See gelegenen Marktstädten erforderlichenfalls über die Ausfuhr der Frucht, die er denen Schweizern nach einem gewissen bestimmten Quanto wochentlich auszuführen erlaubet; dessen ein Theil meistens die an dem See gelegene österreichische Städte als Costanz, Bregenz und Cell erhalten; die übrige Theile aber werden denen am See gelegenen Reichsstädten überlassen. Es bestimmt auch endlich der Creis wegen solcher Ausfuhre einen gewissen Impost der Sackbazen genannt, womit der tägliche Aufwand der Inspectoren, Soldaten und Creuzschiffe bestritten wird; und dieses ist meistens was der Creis auf dem See und an dessen Ufern zu besorgen, und zu verfügen pfleget. Und obschon dieses oft gemeinschaftlich und mit Beytritt von Seiten Oesterreichs um des gemeinen Nuzenswillen, an dem zugleich auch die österreichireichische Städte theil nehmen, geschiehet, so folget doch daraus nicht, daß man österreichischer Seits dieserwegen sich eines oberherrlichen oder nur privates unumschränktes Dominium auf diesem See sich anmassen könne; zumal da oft geschehen, daß wann Oesterreich dem Craisschluß nicht beygetretten, oder solchen zwar genehmiget, aber nicht würklich erfüllet, die Creisstände dessen ohngeachtet die Oberherrschaft und das Dominium nach wie vor thätig auf dem See ausgeübet haben. Und dieses auch mit höchstem Rechte. Dann man siehet nicht, mit was Recht oder Titul das allerdurchlauchtigste Haus Oesterreich einiges Dominium über den See erlangt habe.

In dem es weder als Besizer von Oesterreich nach Tirol ein angränzender Nachbahr des Bodensees ist, oder sonst demselben anderwärts angränzet, mithin weder eine Spur noch ein Fußstapfen erscheinet, daß je zu einer Zeit dasselbe sich einiges Recht auf diesem See als eine offenbahre Mark- und Gränzscheidung des Reichs und des Creises angemasset habe.

So viel aber die anderweitige Gerechtsame des erzherzoglichen österreichischen Hauses auf dem Bodensee betrift, so kommen ihm solche allein in der Absicht der Stadt Bregenz und des Dorfs Fussach an dem obern Theil des Sees als Partienten der Grafschaften Feldkirch und Bregenz, wie auch nunmehro als Besizern der Herrschaften Langenargen, und Wasserburg zu; gleichwie aber das alte Städtlein

Bre-

Bregenz oder das Dorff Fußach vorhin niemal zugleich von einem Grafen und Herrn beherschet worden, so ist desto unwahrscheinlicher, daß der eint- oder andere Ort, ehe derselbe dem Haus Oesterreich überlassen worden, ein mehrers Recht an den See gehabt, als denselben in Betracht ihrer Lage und Gränzen von Recht und Gewohnheitswegen gleich andern einzelnen Ständen und Herrschaften zukommt, und so viel wird ihm auch jezo hieran wegen den zwey erlangten Herrschaften zukommen, weit entfernt, daß die ehemalige Besizer solcher Herrschaften jemals eine Ansprache auf ein allgemeines Dominium sollten gemacht, oder dasselbe an Oesterreich übertragen haben. In dem niemand einem andern ein mehrers Recht übergeben kann, als er selbst besizt. So viel aber die Stadt Costanz besonders betrift, welche nach dem sie im Jahr 1548. von Kaiser Carl dem 5ten, weil sie das kaiserlich bekannte Edict: Interim genannt, nicht angenommen; da die Acht über sie kam, und sie in ihren Nöthen sich nicht besser zu rathen noch zu helffen wußte, als wirklich geschehen ist, mithin sich unter die Beherschung des Erzherzogs Ferdinands von Osterreich ergabe, worauf sie zugleich unter den Schuz des Hauses Oesterreich gelangte; so wurde sie hiedurch dem schwäbischen Creis nicht entzogen, noch von demselben getrennet. Dahero eben dieser Erzherzog und hinnach der römische König Ferdinand in der Folge sich wegen solcher Stadt gegen die schwäbische Creisstände folgendermassen erklähret: „daß sie nie gesonnen „gewesen, und noch nicht seyen, die Stadt Costanz

„dem

„dem heiligen römischen Reich, und den schwäbi-
„schen Creisständen zu entziehen.

Solchermassen konnte das allerdurchlauchtigste Erzhaus Oesterreich in Betreff solcher Stadt kein mehrers Recht erlangen, als sie vorhin an dem Bodensee selbst besessen hatte.

Dahero, als nicht allein die ganze Landgrafschaft Thurgäu, sondern auch die Landvogtey insbesondere mit dem thurgäuischen Landgerichte und aller landesherrlichen Hoheit im Jahr 1460. nach Ueberwindung Herzog Siegmunds von Oesterreich in die Gewalt der acht alten regierenden Orten der Eydgenossenschaft kam, die schon seit dem Jahr 1415. nach dem Herzog Fridrich von Oesterreich in die Acht erkläret, von Kaiser Sigmund, der Stadt Costanz um sechstausend Gulden verpfändet, im Jahr 1499. aber damalen den zehen verbündeten Schweizercantonen in dem mit dem Kaiser Maximilian und dem schwäbischen Bunde geführten Kriege wieder entrissen, ihnen jedoch in dem zu Basel mit denselben geschlossenen Frieden wieder auf ewig abgetretten worden; so liessen von dieser Zeit an die Eydsgenossen die Stadt Costanz in dem thurgäuischen Gebiet weder zu Wasser noch zu Lande keine Jurisdiction mehr ausüben, sondern solche durch ihre eigene Landvögte nebst allen Gerechtsamen auf dem Bodensee, so weit ihr Grund dem thurgäuischen Gebiet nach sich erstreckt, ausüben und behaupten, auch dahero alle auf solchem See in ihrem Bezirk entstandene Unruhen und Streitigkeiten ohne einigen

gen Beytritt, oder Dazwischenkunft von Seiten der Stadt Costanz schlichten und straffen. Als dahero im Jahr 1680. einige Bürger von Costanz etliche münsterlingische Fischer nahe bey der Stadt auf dem See mit gewafneter Hand angefallen hatten; auch im Jahr 1682. ein Schiff durch ihre Soldaten hinweg nahmen, so liessen die Eydsgenossen, denen die hohe Gerichtsbahrkeit im Thurgäu zustehet, diese Frevel und Angriffe nicht ungeahndet, sondern rächeten an der Stadt Costanz diesen Eingriff in die schweizerische Gerechtsame auf dem See sehr scharff; in dem sie zu Wiedervergeltung dieser Gewaltthätigkeit alle Zinsen und Gülten zurückhielten, die die thurgäuische Einwohner denen Costanzer zu entrichten schuldig waren. Nachdem man hierauf zu Beylegung dieses Streithandels zu verschiedenenmahlen sich mit den österreichischen Ministern vergeblich in Unterhandlungen eingelassen; wurde auf der Tagsazung zu Baden im Thurgäu im Jahr 1684. beschlossen: daß hinführo die thurgäuische Jurisdiction biß in die Mitte des Bodensees wieder alle costanzische Angriffe mit gewafneter Hand vertheidiget, und denen Costanzern weiter nichts als das ehehin erlangte Recht zu fischen gelassen werden solle. Da hierauf im Jahr 1694. wegen dem von den Costanzern weggenommenen Rheineckerschiff eine neue Unruhe entstund, so liessen die Eydsgenossen von ihren Rechten nichts nach, sondern es mußte ihnen von den Costanzern Genugthuung verschaft werden. Es sind auch die Gränzen der Stadt und des Bistuhms Costanz wie auch der Grafschaft Heiligenberg gleichsam vor den Mauren

besag-

besagter Stadt klar bestimmt; dahero das fürstenbergische Haus wegen solcher Grafschaft von dem Kaiser und dem Reich die Oberherrschaft von dem See von dem Flusse Schussen biß an die Brücke von Costanz als ein Lehen inn hat. Dahero die Costanzer sich auch niemals traumen lassen, weder ein besonders noch ein allgemeines Dominium sich auf dem See anzumassen.

Es besizen sonst alle Anwohnere des Bodensees die natürliche Freyheit an alle Orte desselben zu schiffen, in so fern solche nicht durch besondere Verträge und Verordnungen eingeschränkt ist. Dann es haben verschiedene Städte, dieß und jenseits des Sees besondere Contracte und Verbindungen gegen einander mit ihren Nachbahrn und Anwohnern des Bodensees errichtet, kraft welchen ausgemacht und bestimmt ist, wie viel die Einwohner jeder Stadt und jeden Orts entweder wochentlich an den Wochen- und andern Märkten oder bey jeweiligen andern Anlässen den Schiffleuten der eint und andern Städte und Orte an Waaren und Früchten abzuführen erlaubt ist, welche Verträge, sie unter und gegen einander zu halten, sie sich verpflichtet.

Solche sind vornämlich unter Schaffhausen, Lindau, Costanz, Ueberlingen, Rheineck, Rorschach, Fußach, Heiligenberg wegen Uldingen und andern vornämlich an denen schweizerischen Ufern gelegenen Orten errichtet worden. Es ist insbesondere zu Kriegszeiten und wann die Ausfuhr der

Früch-

Früchte aus Schwaben in die Schweiz entweder gänzlich abgeschnitten oder eingeschränkt ist, allen schweizerischen Schiffleuten bey schwerer Straff durch besondere Creysdecrete untersaget, Früchte oder andere Bedürfnisse von dem Reichsboden in ihren eigenen Schiffen (ohne besondere Erlaubnis) ohngeachtet aller vorherigen Verträgen wie sie Namen haben mögen zu führen, als welche während dem Krieg und des Verbots der Fruchtausfuhr ungültig bleiben. So wird auch allen Schiffleuten an allen Nebenorten, und Winkelstädinen alle heimliche Schiffahrt, wie auch aller Frucht-Einkauff und deren Ueberfuhr wie allen andern Einwohnern des Reichs und Creises bey hoher Straffe verbotten. Diese Ueberfuhr wird jedoch denen an dem See gelegenen Orten in die Schweiz und die mit derselben verbundene Orte, so viel ihnen für ihren Antheil an dem ausgesezten Quanto zukommt, erlaubt; welches Quantum sowohl überhaupt als jedem Ort durch die jedesmalige Creisschlüsse besonders an gewissen Tagen wochentlich abzuführen, bestimmt wird; oder je nach dem der Wind und die Witterung die jeweilige wochentliche Abfuhr gestatten mag; und zwar in der Masse für jeden Ort, wie folgender beyläuffiger Entwurff ausweiset:

Wann aus der Stadt Lindau wochentlich 205. Malter abzuführen erlaubt worden, so wurde den andern an dem See gelegenen Orten die Abfuhr folgendermassen gestattet:

Lan-

Langenargen Malter . .	102
Buchhorn	103
Mrösburg	106
Ueberlingen	205
Udingen	102
Costanz	70
Bregenz	102
Radolphszell . . .	205
	Malter 995

Solchermassen erstreckte sich die samtliche Abfuhr von allen an dem See gelegenen Orten mit Inbegriff der Stadt Lindau verwilligten 205. Malter auf 1200. Malter; wobey jedoch unnöthig zu erinnern, daß man sich von Seiten des Creises an kein gewisses Quantum bindet, sondern solches nach Beschaffenheit der Zeitumstände und der eigenen Landesnothdurft mindert und mehret. So wird auch in Kriegszeiten die Fruchtabfuhr durch die Creisschlüsse aus folgenden festen Orten nach der Schweiz erlaubt: als von Costanz, Lindau, Ueberlingen, Langenargen, Bregenz und Radolphszell. Da aber die Neben- und Winkelschiffahrten aus solchen Orten, die zur Abfuhr nicht befreyet, zum Schaden und Nachtheil obiger Orten gereichen, wie solches ehehin gar oft geschehen, so hat K. Carl der 6te glorwürdigsten Andenkens durch verschiedene an das Reich erlassene Mandaten und andere kaiserliche Verordnungen dieses Vorrecht welches sowohl besagte reichs- und österreichische Städte Ueberlingen, Lindau, Buchhorn, Costanz, Bregenz und Zell, genies-

geniessen, bestätiget. Dahingegen alle unrechtmäs-
sige Winkelschiffahrten, und zwar namentlich aus
folgenden Orten: Bodmen, Sernatingen, Fischbach, Manzell, Hofen, Kreßbrunn, Nonnenhorn
und Wasserburg verbotten worden. Ausser solchen
und andern Fällen aber und so lang der Kreis die
Fruchtausfuhr auch in Friedenszeiten fernerhin zu
verbieten oder einzuschränken, nicht für rathsam und
vortheilhaft finden sollte, bleibet die Schiffahrt und
Jurisdiction allen und jeden an dem See gelegenen
Ständen frey und ungestöhrt.

Uebrigens besizt die Reichsstadt Lindau beträchtliche Vorrechte an diesem See; dann ausser
dem Strich ihres Gebiets an demselben von dem
Flusse Liblach, welcher das lindauische und bregenzische Gebiet von einander scheidet, und laut hierüber
errichteten Verträgen der Stadt gehöret, besizt sie
die Gerichtsbahrkeit in den See hinein, so weit
der Runs eine Feder in den See treibet, und
zwar biß an derselben in dem See selbst gelegenen
Gränzstein Degelstein genannt, wo die Herrschaft
Wasserburg ihren Anfang nimmt. Wie dann die
Gränzen des lindauischen Gebiets dem See nach in
den alten Uhrkunden folgendermassen beschrieben
werden: Auf unserm Grund nämlich von der
Liblach an biß nach Degelstein; oberhalb der
Stadt von der Liblach an, und unterhalb der
Stadt biß gen Wasserburg hinab, item: zwi-
schen der Liblach und Degelstein. Und so hat
sich die Stadt auch als eine von der Natur und
Kunst, im Wasser wohlverwahrte Gränzvestung,

die

die noch kein Feind erstiegen, biß auf den heutigen Tag erhalten.

Es hat aber die Stadt die alljegliche Gerichtsbahrkeit oder Gebiet und Gericht auf dem Bodensee nicht allen so weit man in denselben gehen kann, oder zu nächst um die Stadt herum auf ihren sogenannten Gründen und Håldinen (von denen im folgenden Kapitel ein mehrers vorkommen wird) wie andere benachbahrte Herrschaften; auch nicht bloß so weit als ein Canonenschuß gehet, sondern biß in die Mitte des Sees hergebracht; biß wohin derselbe den überstehenden Ufern nicht näher als gegen der Stadt ist; welches Vorrecht solche auch ohne rechtmässigen Wiederspruch sowohl in den åltern als neuern Zeiten durch vielfåltige Actus ausgeübet, wie solches mit unzåhlichen Beyspiehlen, so wohl von Seiten des schwåbischen Kreises als von Seiten Oesterreichs und der Schweiz könnte bewiesen werden. Es ist in solchen Fällen genug, wann nach vorläuffiger Ansuchung Verbrecher ausgeliefert werden müssen, um solche von Seite der Stadt gefänglich einzulegen, solches allezeit entweder auf obgemeltem Lieblachfluß, als an der unstreitigen Gränze des Stadtgebiets, oder auf der halben See biß wohin wie gedacht ihre Gerichtsbahrkeit ebenfalls reichet, und niemals an einem andern Ort mit bewehrter Hand geschehen müsse; jedoch gegen ausgestellten Reversen, daß es zu niemands Nachtheil erfolge; da dann solche Uebelthäter gefesselt denen Häschern überlassen zu werden pflegen. Ja es haben oft selbst benachbahrte Herrschaften die auf

dem

dem See so weit nicht streiffen dörffen, die Stadt ersucht, diejenige, die in einem andern biß an die Mitte des Sees gehenden Strich Verbrechen begangen, durch ihre Jagdschiffe gefänglich anhalten zu lassen, und ihnen solche auszuliefern; wie davon Beyspiele aus den Jahren 1676. 1686 = 1687 = 1714 = 1729 = 1733. u. s. w. vorhanden sind.

Gleichwie nun aus dergleichen Jurisdictionshandlungen die zu dem Mero Imperio oder hohen Obrigkeit eigentlich gehören, genugsam erhellet, daß der Bezirk wo solche vorgenommen werden, unter dem Gebiet einer solchen Stadt stehe; weil ohne das darüber hergebrachte Territorialrecht dergleichen Actus nicht ausgeübet werden dörften; so dienen sie dahero zu einem hinlänglichen Beweis, daß der Stadt Lindau die alljegliche Gerichtsbahrkeit biß an die Mitte des See zukomme. Wie dann bekannt ist, daß sie jederzeit Jagd = und bewehrte Schiffe nach Erfordernis der jeweiligen Zeitläuffe ausgerüstet, und auf Streiffzüge ausgeschickt; wie solches sonderlich auch im 30jährigen Kriege geschehen. Sie hat auch in allen Streiffzügen vor andern benachbahrten Orten das meiste geleistet, und insgemein zugleich die Sorge und Last der Beschüzung des obern Theils des Sees biß nach Buchhorn übernommen; und dieses vermuthlich aus der Ursache, weil ihr vormals wegen ihren starken Gewerben und häuffigen Transitogütern in gefährlichen Zeiten auf die Erhaltung der freyen und sichern Schiffahrt auf dem See mehr als andern Orten gelegen seyn mußte. Was nun auf dem Lande die Gelaitsherrlichkeit und das Streiffen anzeiget, das ist auf dem Wasser das Recht zu kreuzen; welches nicht allein auf die Erhaltung der allgemeinen Sicherheit auf demselben, sondern auch auf die Ausspührung, Verfolgung, Bestraffung aller Arten von Verbrechern darauf abzwecket.

Gleichwie nun das Recht des Gelaits und des Streiffens gemeiniglich der hohen Obrigkeit und Territorialherrschaft anklebet, ja als ein zuverlässiger Beweis und untrügliches Merkmal nach Behauptung aller Staats- und Rechtslehrer derselben anzusehen ist; so kommt auch gewöhnlicher Weise das Recht auf dem Wasser zu kreuzen, jedem Territorialherrn zu; wie er dann gehalten ist, die Räuber und alle die, so die Seen und Flüsse unsicher machen, oder wieder die offentliche Edicte verbottene Gewerbe treiben, aufsuchen, verfolgen, einziehen und bestraffen zu lassen; und zu dem Ende Kriegs- und Jagdschiffe zu halten, um solcher Gestalt die Sicherheit der Gewerbe und Schiffahrt ungestöhrt zu erhalten.

Dieses vorzügliche Regale besizt nun die Stadt Lindau nicht nur wie gedacht in ihrem besondern Seebezirk, sondern fast über den ganzen See, um auf solchen ihre bewehrte und mit der Stadtwappen ausgerüstete Jagdschiffe an allen Orten auszuschicken; wie sie solches Recht von unfürdenklicher Zeit her, behauptet und ausgeübet hat. Wie dann auch die Lindauer 1598. den Marggrafen von Burgau, und dessen ganzes Gefolg mit ihren Jagdschiffen zu ge-

wöhn-

wöhnlicher Ehrenbezeugung von Fußach nach Lindau; und 1604. den Erzherzog Maximilian von Bregenz nach Costanz geführet. Und da 1693. ein gewisser österreichischer Hauptmann etwas zum Nachtheil der Stadt unternahm, verfügten die Kreisdirectoren selbst, daß mehrere bewehrte Schiffe gegen alle Friedensstöhrer ausgesandt wurden; damit die Stadt in dem Besiz ihrer lange Zeit vorhin erlangt, und hergebrachten Rechte thätlich beschüzt würde. Ueber dem hat sie auch solches Recht in den französischen Kriegen dieses Jahrhunderts bey verbottener Ausfuhr der Kriegsbedürfnisse und Früchte ebenfalls gegen alle Uebertretter solches Verbotts ohne jemandes Wiederrede behauptet und zwar nicht nur in ihrem besondern Seedistrict, sondern soweit sich ihre Gerichtsbahrkeit bißher erwiesener massen erstrecket; wie dann die Uebertrettere oft biß an die schweizerische und andere Ufer verfolget, deren mit verbottenen Früchten beladene Schiffe allda angehalten, und nach deren Hinwegnahme dem Fisco zuerkannt wurden.

Dieses geschahe nicht sowohl im Namen oder auf Unkosten des Kreises; dann ob wohl die Stadt 1734. der Meynung war, daß weil dergleichen Streiffzüge zu gemeinem Besten von ihr geschäheten, sie der Kosten halber eine Verguthung von dem Kreise zu erwarten haben würde; so wurde sie doch unter dem 20ten December von dem damals zu Ulm versammelten Kreisconvent eines andern dahin belehret:

„Nachdem die Reichsstadt Lindau bey gegen-
„wärtigem Creisconvent um Refusion der ange-
„gebenen Kreuzungskosten auf dem Bodensee gebet-
„ten, hingegen man von Kreises wegen um so we-
„niger sich damit beladen kann, als dieses nicht res
„circuli ist, sondern der löblichen Stadt das Kreu-
„zen zur Conservation ihrer eigenen Jurium gerei-
„chet, als wird solches derselben pro Resolutione
„hiemit angefüget.

Endlich gehört auch unter die vorzügliche Rechte der Stadt Lindau; daß gleichwie derselben die
Sorge vor die Beschüzung des obern Bodensees,
wie aus den Recessen der meisten Seebündnisse zu
ersehen, zukommt, derselben auch die Auftreibung
der an unverwahrten offenen Porten und Städinen sich geflüchteten Schiffe überlassen oder derselben aufgetragen wird; damit man sich derselben,
bey Feindesgefahr in bedürffendem Fall bedienen
könne, und damit nichts zum gemeinen oder Nachtheil der benachbahrten Staaten von dem Feind
selbst mit solchen unternommen werden möge.

Endlich besizt die Stadt noch die Staffel- und
Niederlagsgerechtigkeit, jene aber hat ihr, so viel wir
wissen, noch niemals einen erheblichen Nuzen gebracht;
aus der leztern aber bezog sie ehedem beträchtliche
Einkünfte, die sie noch nicht gänzlich verlohren, aber
auch ihre noch fast einzige, wie wohl sehr schwache
Stüze daran hat.

Drit-

Drittes Kapitel.

Von der anmuthigen Aussicht an diesem See, an der schwäbischen Seite, und der auf denselben befindlichen Schiffahrt und Fischerey.

So gräßlich die Ufer unsers Bodensees in den ältern Zeiten ehe die um dieselbe gelegene Landschaften angebauet wurden, mögen ausgesehen haben, so eine vorzügliche Anmuth hat nun die Aussicht auf die beedseitige Ufer desselben; daß man dergleichen sehr wenige in Europa finden wird; wie dann eben diese Aussicht den berühmten französischen Geschichtschreiber Thuanum, da er diesen See befahren, so sehr entzückte, daß er glaubte, es konnte vor die Augen nichts lieblichers gefunden werden, als die so schön angebaute Gestade, die solchen umgeben, an dessen beden Seiten sich zierliche Hügel voll Weinreben im Wasser verlöhren, das seinen Schein wieder giebet; eine so paradiesische Lust entstund aus dem Anbau der vorigen Wildnis. Es ist jedoch der obere Theil desselben weniger Fischreich als der Untere; doch werden auch in diesem obern Theil nach Beschaffenheit der Jahreszeit viele so gute Fische gefangen, daß deren öfter auf die kaiserliche Tafel gebracht worden. Unter diesen sind die genannte Gangfische, die vom Monat Jenner die Fasten hindurch biß auf Ostern Nachtszeit bey milder Witterung gefangen werden, die bekannteste; sie sind eine Art Lachsforellen, die man aber in keinem andern See von solcher ausnehmenden Güte und Geschmack erhält. Diese Gangfische wer-

werden nach dem Hundert verkauft, und kosten frischer aus dem See fl 2. biß 10. und mehr oder weniger je nach dem der Vorrath und die Nachfrage nach solchen ist; sie werden auf dem Rost gebraten, einmarinirt, und in Fäßlein von 100. auch 50. Stück versandt; wann der gleiche Fisch etwas grösser, wird er Renk genannt; woferne er aber noch grösser und schwerer worden, so daß er etliche Pfund wieget, so hat er den Namen der Forelle, wovon das Pfund zuweilen mit 30 kr. bezahlt wird; und eben diese Art von Fischen wird vorzüglich zuweilen an verschiedene Hohe versandt; sie werden auf die gleiche Weise behandelt, und verschickt; diejenige die bey warmer Witterung gefangen werden, hält man nicht für so gut. In dem Untersee werden auch die Gangfische in grösserer Menge gefangen, die aber weißlich; die in dem Obernsee aber blaulichter Farb auch niedlicher; jene werden zum theil geräuchert; 1543. fiengen die Costanzerfischer auf einer Fahrt deren 46000.; überhaupt ist der Untersee fischreicher dann der Obere.

Ausser denselben und manchen andern guten Fischen giebt es auch noch mehrerley Arten Seeforellen unter denen die sogenannten Rheinlanken, die aus dem See in den Rhein streichen, und in diesem gefangen werden, die grösten sind, und die oft sehr schwehr und groß werden.

Ausser diesen sind die Hechten, Schleyen, Aele und Brachsmen die bekandtesten Fische, von denen die leztere bey warmen klaren und stillen Wetter zu wei-

weilen in Menge gefangen werden. Ueberhaupt kommt weder der Ober- noch Untersee dem Zürchersee nach dessen Beschreibung an Menge der Fischen nicht bey, in dem verschiedene Arten derselben weder in diesen noch in andern Seen entweder gar nicht oder selten gefunden werden. Die Ursache ist ohne Zweifel, weil manche Fische aus den in den Zürichsee ströhmenden fast unzählbahren grossen und kleinen Bächen mit in denselben hineinkommen, dahero eine solche Menge derselben theils am Angel, theils in verschiedenen Arten von Garnen und Nezen, theils in den Behrinen (wie solches am Bodensee zum theil auch geschiehet) gefangen werden, daß man sich darüber höchlich verwunden muß; wie dann nicht nur die benachbahrte römisch catholische Orte an dem Zürichersee und besonders das fürstl. Stift Einsiedlen, welches für die ungemein grosse Anzahl der dahin kommenden Pilger sich fast allein aus diesem See versehen; derer nicht zu gedenken, die weiter hinab nach Baden, ja biß nach Basel verbraucht und verführt werden. Dahero der Gelehrte Junker Escher bey Beschreibung des Zürichsees schon zu seiner Zeit die Anmerkung darüber machte: daß man in solchem Betracht glauben sollte, man esse in Zürich selbst gar keine Fische; wann man aber das ganze Jahr täglich die grosse Menge der allerley klein und grosser kostbahrer Fische auf dasigem Fischmarkt ansichtig würde, man vielmehr auf die Gedanken kommen sollte, man esse allda gar nichts anders, und halte sich eher an einer norwegischen Meerküste als an einem aus süssem Wasser bestehendem See auf.

Unter denen Fischen die vornämlich durch die Lindmat in den Zürichsee kommen, sind diejenige bemerkenswürdig, die vor Jacobi Salmen, und hernach Lächse genannt werden. Diese kommen gegen dem Winter aus dem Meer in den Rhein, und aus diesem in die Lindmat hinauf bis nach Zürich, ja biß in die Lindt und gen Glarus; diese leichen alsdann in den süssen Wassern, machen in den Sand ihre künstliche Gruben, die sie mit Steinen wohl verwahren, damit das Wasser ihren Rogen, welchen sie in diese Gruben legen, nicht zerstreue; und ob gleich die Wasser fallen, auch diese Gruben vertrocknen; solle derselbe doch nicht verderben, sondern in dem Frühling bey wachsendem Wasser lebendig werden. Die Jungen so hieraus erwachsen, nennet man Sälmling, diese fahren alsdann dem Ocean zu, wo sie, biß sie erwachsen, sich aufhalten; und so mag es noch mehrere Arten Fische in dem Zürichsee geben, die in dem unsern gar nicht gefunden werden; mithin sich nicht zu verwundern, daß die Fischerey an demselben so gering und wenig einträglich ist, daß fast alle die sich damit beschäftigen, insgemein arme Leute sind, auch sich wenige damit ernähren, geschweige, daß einige derselben wie an dem Zürichsee mit dem blossen Angelfischen ihren Unterhalt erwerben sollten; wo man über 30. Schiffe gewahr werden solle, welche sich den ganzen Tag bloß mit dem Angelfischen beschäftigten. Die einträglichste Fangzeit am Bodensee wäre insgemein in der Fasten mit obgemelten Gangfischen; es geschiehet aber oft, daß man verschiedene Wochen auch zu solcher Zeit gar nichts fängt;

und

und glückt es auch manchmal, so wird doch kein Fischer wohlhabend durch seine Handthierung; und wann auch ausser solcher Zeit gedachte Fische oder Brachsmen bey wärmerer Witterung in Menge gefangen werden, so muß man sie insgemein um ein geringes Geld verkauffen, weil sich die Fische nicht wohl halten lassen, daß also nur wenig dafür eingehet. Ein grosser Vortheil hat der Zürichsee, daß er wegen seiner geringen Breite bey heftigen Winden nicht so aufschwillet, und zu aller Zeit dahero leichter befahren werden kann, welches an dem Boden- und Genfersee nicht sowohl thunlich ist; auch nimmt der Zürichsee aus dieser Ursache weniger Land ein, und schaft gleichwohl den gleichen ja noch mehrere Vortheil; in dem er dadurch den täglichen Verkehr zwischen den Anwohnern der beedseitigen Ufern gar sehr erleichtert, und ihnen ungleich mehrere Bequemlichkeit in mancherley Wege verschaffet.

Sonst ist der Bodensee fast an allen seinen Ufern insgemein trocken, und mit kleinen Kieseln bedeckt, mithin selten sumpfig oder morastig; man findet dahero um solchen auch weniger von solchen Thieren und Ungezieser, die sonst theils in, theils ausser dem Wasser leben als Fröschen Kröte u. s. w.; und in dergleichen Seen befindlich sind; deßgleichen ist er von andern kriechendem und fliegendem Ungezieser zimlicher massen frey.

So fehlt es aber auch an demselben gar sehr in Gegenhalt des Zürichsees an allerley Arten wildem Geflügel, ob dessen schon Winterszeit zuweilen

geschos-

geschossen wird; die Ursache ist ohne Zweifel, weil er fast überall von den mancherley Seegewächsen als Binzen klein und grossen Rohren, Knospen, Wasserlinsen u. s. w. in welchen sich dergleichen Thiere aufhalten und darinn geschossen werden, entblößt ist. Dagegen gewahret man auch auf demselben den sogenannten Seeblühet; so für eine Gattung Jasts der darunter liegenden Erden gehalten wird.

Die grosse Bequemlichkeit auf dem Zürichsee verschaffet nicht nur den Anwohnern desselben mehrere Bequemlichkeiten, sondern auch Alten und Jungen mancherley Lustbahrkeiten in allen Jahrszeiten; dahero man auch vornämlich fremden Fürsten und Standespersonnen, die zuweilen ihren Aufenthalt allda nehmen, dadurch eine besondere Ehre und Ergözlichkeit erzeiget, daß man sie auf dasigem See spazieren führet, zumalen da man auch allda wie auf dem Bodensee in der grösten Hize verschiedene mit ewigem Schnee bedeckte Alpgebirge vor sich siehet.

Auch wird selten eine Hochzeit sommerszeit daselbst gehalten, an welcher man bey schönem Wetter mit den Hochzeitgästen des andern Tages sich nicht auf dem See erlustigen sollte. Nicht weniger giebt die so häuffige Fischerey auf diesem See öftere Anlässe zu Spazierfahrten um den Fischern zuzusehen, wie sie die Fische in ihren Nezen aus dem See ziehen; da ihnen oft der Fang um ein gewisses im voraus abgekaufet wird.

So ergözet sich auch dasige Musikgesellschaft, wie auch die Gesellschaft der Feuerwerker zum öftern auf diesem See; da sich dann die erstere mit ihrer Instrumental- und Vocalmusic mit einer besondern Lieblichkeit hören lässet; die leztere aber bey Tage in Abfeurung der Stucken, bey Nachtszeit aber in Loßbrennung schöner Feuerwerke sich zu üben pfleget.

Neben dem dient dieser See auch den Betagten, die wegen Beschwehrlichkeit ihres Alters nicht wohl mehr zu Fuß in ihre an diesem See gelegene Landgüter und Weingärten kommen können, um mit einem geringen Kosten zu Wasser dahin zu fahren.

Nicht zu gedenken der grossen Lustbahrkeit, so auch dieser See der Jugend zu Uebung im Schwimmen verschaffet, welche Kunst hier sehr werth gehalten und weit getrieben wird.

Selbst winterszeit ist der Zürichsee nicht ganz ohne Ergözung und Lustbahrkeit, in dem man sich alsdann entweder mit der Entenjagd, oder wann er ganz überfrohren, welches oft geschiehet, mit Schlittenfahren u. s. w. auf demselben erlustiget; wiewohl dergleichen Lustbahrkeiten zuweilen mit vieler Gefahr begleitet sind, wie sie dann selten ohne eiu Unglück vorübergehen. Da nun dieser See vorgedachtermassen zu so mancherley Vergnügungen angewendet und gebraucht wird, so kann man leicht erachten, daß man auf solchem von allerley Art,

Grösse

Grösse und Ausrüstung dazu dienliche Schiffe gewahr werde, dergleichen man auf unserm Bodensee selten zu sehen bekommt, (ausser in Kriegszeiten oder bey erfolgter Fruchtsperr oder andern ausserordentlichen Fällen, da einige Kriegs- und Jagdschiffe ausgerüstet werden zum kreuzen) weil dessen Ufer von den bedseitigen Anwohnern desselben, nicht so häuffig wegen ihrer grössern Entfernung befahren werden, und man sich überhaupt dessen zur Ergözung nicht so oft bedienet. Als dahero vor mehrern Jahren der reiche englische Lord Baltimore sich einige Zeit in der anmuthigen Gegend der Reichsstadt Lindau aufhielt, und bey solchem Anlaß ein besonders schönes Lustschiff bauen ließ, wurde solches sehr bewundert, in dem man dergleichen vorhin noch nie an diesem See gesehen hatte.

Ob inzwischen wohl unser See in solchem Betracht dem Zürichsee nachstehen muß; so kann man doch nicht behaupten, daß er seinen Anwohnern neben seiner grossen Annehmlichkeit nicht auch einigen Nuzen verschaffe; wie er dann insbesondere zur Beförderung der Handelschaft sehr dienlich ist; und zwar vornehmlich in Ansehung der aus Teutschland zur Ueberführung der nach Italien, die Schweiz und Frankreich bestimmten Gütern und von dar wieder zurücke.

Ob er auch wohl, wie vorgedacht von einer zimlichen Breite ist, so kann doch das schöne anmuthige Geländ bey hellem Wetter auf beyden Seiten,

ten und die daran befindliche Städte, Klöster, Flecken, Schlösser, Dörffer, Landgüter, Weinberge u. s. w. sowohl und gemächlich beschauet werden, daß man alsdann bey einer solchen entzückenden Augenweyde zuweilen nicht weißt, nach welcher Gegend man sich vorzüglich wenden solle; so sehr verursachet die reizende Lage des umliegenden Landes dem Schiffahrenden die angenehmste Empfindungen; wie solches schon von der schweizerischen Seiten oben bemerkt worden; die belobter Herr Bodmer ferner folgender massen mahlet:

Der Schiffer, der an Schwabens fruchtbahren Ufern
Den Bodensee mit leichten Kähnen besegelt,
Sieht südwarts seltsame Gestalten der Berge den Himmel begränzen.
Dort strecket der Camor den liegenden Rücken
Auf welchen aufwärts sich der Alte man lehnet.
Dann hebet sich mit aufgethürnten Gipflen der höhere Sentis.
Zu ihren Füssen liegt ein bergicht Gefilde
Mit tieffen Klüften als mit Furchen durchschnitten
Doch an den Seiten mit wurzlenden Tannen vor Einfall bewahret.

Diese Schilderung ist nach der Natur; man kann diese mahlerische Abwechslungen an diesen hohen und niedern Gebirgen oft nicht ohne die innigste Rührung ansehen.

Ein

Ein anderer Dichter, der die Anmuth des Frühlings an der schwäbischen Seite unsers Bodensees besungen, schildert diesen nach der verschiedenen Witterung zu solcher Zeit folgendermassen:

Der gewaltige Bodan reißt jezt mein Aug zu sich nieder.
Unüberschaulich und heiter glänzt er, ein herrlicher Spiegel;
In der Fläche sehen sich die lachenden Ufer mit Wäldern,
Bergen, Schlösser und Thürnen und Städten; der heiterste Himmel
Strahlt aus ihr anmuthiger zurück und dünket sich schöner.
Aber jezt deckt das Haupt der Alpen ein dunkles Gewölke.
Fernher brauset die Stimme des Sudwinds und kündet sein kommen
Förchterlich an. -- Ein gelinderer Wind des folgenden Bothe
Streift schon über die Fläch, und säet zitternde Wellen *)

In

*) Mit diesem Ausdruck bezeichnen die Schiffleute den Wind der vor einem nahen Sturm zu wehen, oder den See zu berühren anfängt; welchen sie sonst gemeiniglich auch den **Vorluft** nennen.

In den See; und jezt stürmt der Südwind herab
von den Alpen.
Dunkle schäumende Wellen verheeren die Bilder des
Ufers
Und des glänzenden Himmels. So flieht oft die
Freundschaft der Menschen
Wann das Unglück sich gegen uns thürmt. Erst,
da noch der Himmel
Günstig uns lachte, war unser Wunsch auch der
ihrige, jedes
Starke Gefühl der Liebe schien auch ihr Busen zu
nähren;
Doch der trübere Sturm vertilgt leicht die schwe-
benden Bilder;
Und wir suchen bekümmert den Freund, und finden
ihn nirgends.
Mächtig kämpfen die Wind jezt gegen einander; es walzen
Wellen sich gegen Wellen; es zagt der verwegenste
Schiffer
Unter dem Streit. Jezt aber gewinnen des bessern
Ostwinds
Kräfte den Sieg, und treiben den Sturm zurück in
die Alpen.
Grünliche Wellen durchtanzen den See, vom Odem
des Ostwinds

Fröhlich belebet. Er schwellt günstig die Segel und muthig
Steurt der Schiffer hinan zum lang gewünschten Ufer.
Und ihm folgt, umflatternd das Schiff der gesellige Albock,
Und er fürchtet sich nicht; der Schiffer siehet ihn gerne;
Locket und wirft ihm Brod in die Wellen. Mit richtigem Fluge
Nimmt ers heraus, und dankt mit freudig schlagenden Flügeln.
Und nun eilet der Tag zum Abend hinunter; die Sonne
Uebergüldet im Abzug die Fläche des mächtigen Sees.
Nur der Himmel gethürmte Mesmer noch sendet die lezten
Strahlen zurück, und Hesperus winket die Dämmerung herüber.
Dunklere Schatten entsinken dem Berg; die Ferne verliehret
Sich dem forschenden Blick. — Hier will ich die Nacht und des Mondes
Ankunft erwarten, ein Schauspiel, das immer mein Auge vorzüglich

Liebet und sucht — Ein schaudrendes dunkel und feirende Stille
Staunt um mich her; nur plätschende Wellen, und schimmernde Würmchen
Die das nahe Gebüsch beleuchten, und blinkende Sterne
Reden noch leben — Doch jezt erhellt sich des schwärzenden Berges
Rücken. Jezt tritt er hervor der Mond mit langsamen Schritten
Und mit glühendem Antliz: so gleicht die keuschere Wange
Der verschämeten Braut, die das Hochzeitbette verlassend,
Selbst der vertrautesten Freundin ins Aug zusehen nicht waget.
O, wie liegt die ganze Natur in stiller Entzückung!
Und wie erhebt sie dich Gott, in all deinen Geschöpfen!
Du bist groß in dem Liecht des Himmels in leuchtenden Welten,
Groß und herrlich im Wurm; der im Gebüsche dort schimmert! —

Der prächtigste Anblick an der schwäbischen Seite des Sees ist ohne Zweifel derjenige, den die gegen über mit ewigem Schnee bedeckte Berge bey dem Untergang der Sonne geben; dieser Pracht kann

 von

von keiner menschlichen Hand geschildert noch beschrieben werden.

Diejenige Schnee und Eisgebirge die man von der gemeldten Seite des Sees an dessen Ufern gegen über erblicket, ziehen sich durch den Canton Appenzell von Westen gegen Osten, die man besonders in den heissesten Sommertagen mit Entzücken in einer blauen Ferne hinter andern fruchtbahren und niedrigen Gebirgen hervorragen siehet, sind: der hohe Sentis oder Obermeßmer, der Geyrenspiz, das Mäurli, der Untermeßner, die Riederi und hinter dem Oehrli. Der hohe Sentis ist der höchste; die Tieffe dessen Schnees beträgt viele Klafter, jedoch je nach dem der Winter, wie auch die Hitze des Sommers mehr oder weniger streng ist. Nach der Berechnung des Herrn Fäsis in dem 3ten B. seiner Staats- und Erdbeschreibung der Eydsgenossenschaft S. 61. soll die Höhe dieses Berges 5374. Schuh betragen.

Es ist leicht erachtlich, daß man von derselben eine sehr ausgebreitete freye Aussicht haben müsse; in dem sich auf solchem ein weites Land vor die Augen stellet. Man überblickt auf demselben auf einmal das Thurgäu, die Cantons Zürich, Bern, Lucern, Uri, Schweiz, Unterwalden, Zug, Glarus, Basel, Schaffhausen; gegen Mitternacht über den Bodensee biß tief in Schwaben, und das Würtembergische; gegen Morgen und Mittag aber die Tiroler und Bündnergebirge. Auf diesem Berge wie leicht zu vermuthen, wächst weder Holz noch

Stau-

Staude. Die auf demselben sich aufhaltende Sennen sehen sich gemüssiget zu ihrer Arbeit die Brennmaterialen bey 2. Stunden über den Berg zu ihren Hütten hinauf zu schleppen. Der Geyrenspiz, reicht nicht so hoch. Ob auch gleich die übrige Berge immer etwas niedriger sind, so sind doch ihre Gipfel immer ebenmässig mit Schnee bedeckt; da sie hingegen an ihren Füssen mit dem fettesten Grasfutter versehen sind. Auf dem sogenannten Obermeßmer [unter welchem ohne Zweifel von Herrn Bodmer der Camor verstanden wird, soll sich ein schöner abhängender Gletscher oder Eisfeld gegen Norden zu befinden; dessen Breite bey nahe eine Stunde und eben so viel dessen Höhe betragen solle; es hängt gleichsam zwischen den Spizen des hohen Sentis und des Geyrenspizes. Es ist aller Vermuthung nach von dem immer an verschiedenen Orten herabrinnenden Schmelzwasser entstanden, welches aus denen mit Schnee bedeckten Gipflen dieser hohen Gebirge herabfließt. Seine Oberfläche solle zwar rauh aber nicht wie auf andern Eißfeldern sich Eisthürme an denselben anlegen, weil das Wasser hier seinen ungehinderten Ablauff hat. In dem Gletscher bemerkt man sehr viele und grosse Spälte, weil verschiedene derselben mit Schnee bedeckt sind, so können sie für diejenige, die sich über diesen Gletscher zu gehen wagen mögen, sehr gefährlich werden. Aus den Spälten läßt sich ein Getös gleich dem Rauschen eines fliessenden Strohmes hören. Es ströhmt auch wirklich unter dem Gletscher ein Wasser hervor, welches immer weiß ist, und von den Sennen als sehr gesund mit Begierde getrunken wird. Das Eis dieses Gletschers ist von blaulichter Farbe und solcher Härte, daß man ohne grosse Mühe nichts von demselben schlagen kann; es ist hieraus sein Alter genugsam abzunehmen, wie dann auch die Zerschmelzung der Stücke an den Sonnenstrahlen eine geraumere Zeit erfordert.

Unter diesen Gletschern gegen Morgen befindet sich das sogenante Hünerbergli, dessen Rücken schöne Alpen träget. Gegen Mitternacht liegen die Niederi und das Mäurli; die Spize dieser beyden leztern sind mit beständigem Schnee bedeckt. Gegen Mittag ist eine Bergspitze die Wagenlucke genannt. Von da sich eine fast gleichlauffende Felsenwand Mittagwärts ziehet, die auch mit einem ewigen Schnee und Eis bekleidet ist. Dieser Schnee wird der blaue Schnee genannt. Von den untern Theilen dieser Berge fliessen klare und reichliche Quellen aus harten Felsen hervor, zuweilen verliehren sie sich unter denselben, kommen aber bald darauf schäumend wieder hervor, stürzen über hohe Felsen hinunter, und stellen die schönste Wasserfälle vor. Noch weiter an den toggenburgischen Gränzen findet man noch 2. andere sehr hohe Berge: der alte Mann und die Silberblatten. Die Einwohner stellen sich den ersten als einen alten Mann mit grauen Haaren vor. Der Schnee bleibt auf demselbigen wie auf dem hohen Sentis beständig. Der zweite hat den Namen von seiner Farbe; in dem er gleich dem Silber glänzet, wann er von der Sonne beschienen wird, welches dem talchartigen Gemische aus welchem der

Fels

Fels bestehet, zugeschrieben wird. Auf diesen Bergen mag der Schnee gegen Mitternacht niemals schmelzen. Ueberhaupt machen diese Gebirge wie vorhin erwähnt, an den schwäbischen Ufern dieses Sees eine der reizendsten Aussichten und Vorstellungen.

Die untere Lage des Sees an dem Ausflusse des Rheins aus dem Bodensee, wo die Stadt Costanz lieget, ist ebenfalls sehr angenehm; und gefiel einem neuern bekandtem Reisenden, der zugleich ein grosser Kenner und Schilderer der Natur ist, sowohl, daß seiner Meynung nach das Auge nichts schöners sehen könne, als den stillen See, wie ihn in einer zwölf Stunden langen Entfernung die Vorgebirge der Schweizeralpen und zu beyden Seiten die schwäbische und schweizerische Landschaften einschiessen. Auch ist der dasige Damm, an welchem die Schiffe anländen und abfahren, einer der reizendsten so man sehen kann, ob er sich wohl mit keinem Hafen an der offenen See vergleichen lässet; wer aber Stille und Ruhe dem anhaltenden Gelerme vorziehet, dem wird er auch desto mehr gefallen, und die Aussicht allda nach der Schweiz und nach Schwaben vortrefflich finden.

Es nannten die Römer diesen See obgedachtermassen Lacum Rheni, weil dieser Fluß in denselben strömet. Es irret aber ihr Geschichtschreiber Ammianus Marcellinus, der doch selbst als ein Kriegsbefehlshaber in diesen Gegenden gewesen; wann er vorgiebt, daß der Rhein ganz unvermischt durch denselben lauffe; woraus genug erhellet, daß er

 den-

denselben nicht ganz müsse befahren haben; dann der Rhein behält sein Wasser nur auf eine gewisse Weite ganz unvermischt in demselben. Ob er schon bey Costanz wieder seinen Abfluß hat. Gleichwohl ist der oben erwähnte berühmte französische Geschichschreiber Thuanus gleicher Meynung; ja selbst Crusius und Hübner irren hierinn auf die gleiche Weise, obgleich Münster vor ihnen obige falsche Meynung wiederleget hat.

Die gröste Länge desselben von dem Einflusse des Rheins in denselben bey dem Dorff Altenrhein biß nach Stein beträgt 15. biß 16. Stunde die gröste Breite desselben zwischen Roschach und Langenargen 5. Stunden; weil er sich aber von dem Einflusse des Rheins noch etwas weiter hinauf biß nach Bregenz erstrecket, so kann die ganze Länge von Bregenz biß Stein auf 16 biß 17. Stund gerechnet werden. Da er 1573. gänzlich überfrohren war, wurde er nach den lindauischen Jahrbüchern von verschiedenen Ufern gegen den überstehenden folgendermassen gemessen: als von Lindau biß an das gegen übergelegene Dorff Fußach 7109. Schritte von Rorschach nach Langenargen 16114. Schritte, oder 7144. Klafter, von Rommishorn gen Buchhorn 7275 Klafter, von Bregenz biß nach Lindau an die Bruck 3125. Klafter oder 7330. Schritte die für 21861. Schuh gerechnet wurden; wie solche Weite der damalige bregenzische Stadtamman Hölle nebst einem dasigen Rathsglied gemessen; den Umfang der Stadt Lindau fand man damals von 4450. Schritten. Der untere See, der etwann

bey

bey 2. Meilen unter Costanz hinunter reicht, ist kaum zum vierten Theil dem obern an Grösse gleich. Den Obern aber machen die viele Flüsse und Bäche die an beyden Seiten darein fliessen so wasserreich, daß man ihn auch nach Crusii Meynung das teutsche Meer nennen könnte; wie er dann auch zum theil Mare suevicum genannt wird; so die auf den Alpen liegende Schnee obgedachtermassen, zuweilen noch mehr vergrössert; inzwischen ist das Wasser dieses Sees ohngeachtet aller Vermehrung desselben bey heiterm und stillem Wetter klar und rein.

Die Fischerey scheint in den ältern Zeiten, wann man die verschiedene öftere Verordnungen, Geseze und Verträge in Betracht ziehet, die die Fischer zu Lindau und der benachbahrten Orte an dem obern Bodensee mit einander zu deren Aufnahme errichtet, ungleich einträglicher gewesen zu seyn, als in den neuern Zeiten besonders heute zu tage; es seye nun, daß der See fischreicher gewesen, oder die Fische mit bessern Preisen bezahlt worden seyen.

Es hatte dazumahl die Stadt Lindau oder vielmehr die Zunft der Fischer allda von den ältesten Zeiten den Zunftzwang an dem obern Theil des Sees und zwar von dem Rheinhorn biß an das Argenhorn hergebracht; dem die Fischer der benachbahrten Orte insgesammt und jeder insbesondere, die in solchem Bezirk fischten, unterworffen waren; vornämlich die von Bregenz, der Mehrerau,

 Hard,

Hard, Fussach, Wasserburg, Nonnenhorn und Argen. Die Fischer zu Lindau konnten auch in Sachen, die die Fischerey betreffen, Gebott und Verbott in ihrem Namen vorschlagen, Innungen, und Ordnungen errichten, durch welche die Art und Weise, wie in diesem Seebezirk zu jeder Zeit zu fischen, vorgeschrieben wird; zu welcher Zeit auf den Fischfang auszufahren, und was alsdann zu beobachten, wann der Fisch leicht, wie die Neze, Zuggarne und Körbe zu sezen und zu stellen; welchen Ordnungen sich auch alle benachbahrt mitzünftige Fischer um so mehr unterwarffen, als sie mit ihrer Einwilligung errichtet wurden; wie solches durch die älteste Verträge und Statuten aus den Jahren 1393-1422-1433-1478-1536-1537-1554-1596-1610. u. s. w. bewiesen wird. Solchemnach hatte die Fischerzunft zu Lindau seit etlich hundert Jahren mit allgemeinem Beyfall der benachbahrten das Directorium auf den jeweiligen allgemeinen Fischertägen, die zu Lindau zur Verbesserung der allgemeinen Fischerordnung und Hebung und Abschaffung der eingeschlichenen Mißbräuche gehalten wurden, hergebracht; auch solche Fischertäge ausgeschrieben, und pflegte jährlich besonders vor der Fasten, wann die Zeit des Anfahrens an die sogenannte Gang- oder Klausfische anrückte, die Zeit zu bestimmen, wann solches geschehen sollte. Ueber dem pflegten alle von den Fischern in dem obbeschriebenen Bezirk begangene Fehler und Frevel auch andere die Fischerey betreffende Vorfälle, nach dem sie vorläuffig von jedes Orts Obrigkeit die angesuchte Erlaubnis hiezu erhalten, vor der Fischerzunft zu Lin-

Lindau untersucht, abgethan und entschieden zu werden; wie man solches ebenfalls mit vielen Beyspielen aus den ältern Zeiten beweisen könnte.

Vielleicht wäre auch die Fischerey heutzutage an dem obern Theil des Sees, in einem bessern Stande, wann die nachbahrliche Zusammenkünfte und Fischertäge der ältern Zeiten zu Lindau zur Verbesserung der Fischerey, je nach dem es die Nothdurft von einer Zeit zur andern erfordert hätte, biß auf unsere Zeiten wären erhalten und fortgesezt worden.

Da sie aber längst aus dem Gebrauch gekommen, so läßt sich von dem Recht zu fischen jedes an dem See liegenden Orts für jezo nichts genau bestimmen; indem es nun zum theil darauf ankommt, wie weit ein jeder mehr oder weniger Grund in gewisser Tieffe in den See hinein hat. Sonst werden die Bezirke jeden Orts wie weit ein jeder zu fischen die Gerechtigkeit oder die Gerichtsbahrkeit hat, oder auch durch blosses Herkommen, oder vielleicht durch alte ausdrückliche Verträge hergebracht, obgemeltermassen Gründe und Häldinnen genannt, die an dem Ufer hin sich so weit erstrecken, als das Gebiet jeden Orts reichet; in den See hinein aber nicht weiter als der Bezirk gehet, auf dem sie ihre Jurisdiction mit Gebot und Verbot, Saz und Ordnungen ausüben können; so sich aber selbst an befestigten Orten (wo sie nicht besondere Vorrechte hergebracht) höchstens wie oben bemerkt worden, nicht weiter erstreckt, als ein Kanonenschuß gehet.

Solcher-

Solchergestalt wäre in unsern Zeiten keines Orts Fischern erlaubt auf die Gründe und den Bezirk eines andern Orts zu fahren, und hiemit in dessen Gerichtsbahrkeit und Gebiet mit Fischen einen Eingriff zu thun; wann nicht die Fischer selbst schon in den ältern Zeiten mit Genehmhaltung ihrer Obrigkeiten und Herrschaften gewisse Verträge unter einander dißfalls errichtet, und in solchen die einte den andern die Fischgerechtigkeit in ihrem Bezirk zugestanden hätten; die dann stillschweigend biß auf unsere Zeiten vermuthlich in einer steten Beobachtung als ein kleiner Rest der alten Saz- und Fischerordnungen geblieben seyn mögen. Dahero dann in Betracht solcher Gewohnheit noch jezo eine zimliche Freyheit im fischen, an dem obern Theil unsers Sees herrschet, so, daß nicht jeder Ort dißfalls auf seinen ihm besonders zustehenden Grund und Bezirk eingeschränkt ist.

Es ist jedoch in solchen Verträgen ausdrücklich bedungen, daß welche Fischer ab ihren Gründen auf andere Gründe fahren, die sollen sich alsdann nach derselben Gebrauch, Ordnung und Sazungen richten, wie diejenige denen solcher Grund zugehöret; wie solches der lindauische Fischervertrag von dem Jahr 1536. ausweiset. Dem zu folge die Fischer an den Feyertägen und in den Nächten derselben nicht auf fremde Gründe, da man feyret, fahren sollen. So ist auch in dem Fischervertrag von dem Jahr 1614. Art. 4. versehen: daß die lindauische Fischer hinführo sich auf der harder, fußacher und anderer benachbahrter

Grün-

Gründen ihre Säginen von früh morgens allein biß um 12. Uhr zu Mittag, und länger nicht zu gebrauchen schuldig seyn sollen, bey Straff zwey Pfund Pfenning; jedoch sind sie auf ihren eigenen Gründen an solche ihnen vorgeschriebene Zeit nicht gebunden. Art. 9. aber wird verordnet: daß die Fischer von Hard diejenige Aengel, so die Fischerzunft zu Lindau ihnen abgenommen, hinführo auf den lindauischen, wasserburgischen, und andern benachbahrten Gebieten und Gründen gänzlich zu gebrauchen unterlassen, und sich deren allein auf ihren der Harderbezirk bedienen sollen; bey Straffe drey Pfund Pfenning.

Was aber denjenigen Theil des Sees anbetrift, der über den Grund jeden Orts hinausgehet, und der insgemein der Schweeb oder auf dem Schweb oder in der tieffen weit und freyen See genannt wird, und der gleichsam den mitlern Theil des Sees ausmacht, so ist auf solchem das Recht zu fischen, einem jeden erlaubet, so, daß auf solchem kein an dem See gelegener Ort ein besonders Dominium besizet, und dahero sowohl die in den alten Briefen, Urkunden und Verträgen sogenannte ober- als niderländische Fischer das freye Recht zu fischen, auf solchem geniessen, nur daß diese keinen besondern Verträgen etwann zuwieder ihre Neze auf den besondern und eigenthümlichen Gründen der an dem obern See gelegenen Städten und Oertern auswerffen, oder andern auf ihren Gründen, Fächern, Reisern, Errachern und Hofstädten einige Hinderung oder Nachtheil zuziehen sollen; wie solches in dem

dem buchhornischen Vertrag von dem Jahr 1592. zwischen den costanzischen, landvogteyischen, montfortisch- und buchhornischen Fischern wegen des Anhängens, und Zockens mit dem Angel mit und um die Fach oder Reiser auf denen eigenthümlichen Hofstädten und Ehehaftinnen im See innerhalb der Halden versehen ist. Als dahero diejenige lindauische Fischer die im Jahr 1598. in der Gegend des Dorffs Immenstad an einem catholischen Feyertag gefischet hatten, und solchen Ortsobrigkeit selbe dieserhalben bestraffen wollte, sie solcher Straffe dadurch entgiengen, daß sie nicht in dem immestädischen Grund oder dahin gehörigen Seebezirk selbst, sondern in der freyen und weiten See gefischet hätten. Gleichwie aber keine Verordnung ohne Ausnahme ist, so hat obgezeigtermassen nicht allein die Stadt Lindau zu allerzeit die Jurisdiction in dem obern See hergebracht, sondern es haben auch die jedesmalige Besizer der Grafschaft Heiligenberg von langen Zeiten alle Jurisdiction und gelaitliche oberherrliche Gerechtsame auf dem untern Theil des Sees als ein kaiserliches und Reichslehen ausgeübet, und zwar von dem Ausfluß der Schussen. Geradenwegs biß an die Brücke zu Costanz; wie solche Gränzen in dem See mit folgenden Worten bestimmt werden: von der Schussen in dem Bodensee gen Petershausen an die Rheinbruck gen Dingelsdorf in die Linden, und von den Linden gen Sernatingen. Sie haben auch von jewelten hero in solchem Bezirk sowohl die hohe- als niedere Jurisdiction gegen jeder männiglich behauptet, und unzähliche male die Verbrechere aller Arten

ten an Leib und Gut gestraft, und zum Beweis ihrer Jurisdiction solchen Seebezirk mit ihren bewafneten Schiffen umfahren, auf selben das Geschüz losbrennen, und durch andere Handlungen den Besiz auch ihrer höhern Gerechtsame behauptet. Dahero in dem Bezirk der Stadt Ueberlingen nach den Verträgen die hohe Jurisdiction allein auf 10. Ruthen oder 150. Werkschuh in die See hinein von der Stadtmaur oder dem Land jederzeit des Jahrs vor angehendem Wasser anzurechnen oder zu messen ist; wegen dem Dorff Hagenau aber gebührt ihnen allein die Jurisdiction biß an die Fäch oder Leginen der Fischer, und nicht weiter. Und da von Seiten des Klosters Salmansweil, dem ehedem von den Besizern der Grafschaft Heiligenberg allein zu Holz und Feld die Jurisdiction verliehen worden, vor mehrern Jahren bey dem Dorffe Maurach einige Pfähle einen halben Steinwurff weit in den See hinein wollten gesezt werden, um eine Art von Jurisdiction auf dem See in dasiger Gegend sich anzumassen, so wiedersezten sich die Herren Besizere besagter Grafschaft, und liessen die in das Wasser gesezte Pfähle wieder herausnehmen.

Es mangelt auf diesem See auch nicht an guten Verordnungen für die bestmögliche Beförderung und Sicherheit der Schiffahrt besonders von Seiten der Stadt Lindau, aus deren Port auch die meiste Schiffe abgehen; und woselbst um so mehr insbesondere darauf gesehen wird, daß die dasige Schiffahrt zu allen Zeiten mit tauglichen und erfahrnen Schiffleuten versehen werde, als dem

Pub-

Publico an derselben fast alles gelegen ist; wie solches in der 1750. heraus gekommenen Verordnung der Lädinschifsgerechtigkeit halber vornämlich erhellet. Neben dem ist des Schifsbau halber eine besondere vorgeschriebene Ordnung vorhanden, wie die Schiffe nach Verschiedenheit ihrer Grösse zu erbauen, und auszurüsten; auch zu guter Erhaltung derselben, was solche selbst und das dazu erforderliche Segel und Sailwerk betrift, eine jährliche Schau verordnet.

Die gröste Schiffe auf diesem See werden allein in den Städten Lindau und Bregenz geladen, und zwar biß nach Stein an dem Rhein, und nach Schaffhausen, so daß man, wann bey der leztern Stadt der bekannte Rheinfall die Fortsezung der Fahrt nicht hinderte; aus diesem See den Rhein hinab biß nach Holland schiffen könnte. Diese grössere Schiffe werden insgemein Lädinnen genannt; deren Namen vermuthlich von dem Worte laden herrühret. Die zweite Art Schiffe sind die Halblädinnen, die aber bey dem Abgang der Transito in den neuern Zeiten aus dem Gebrauch gekommen; die 3te Art sind die sogenannte Segner, die bey nahe um die Helfte kleiner sind. Die grosse Schiffe oder sogenannte Lädinnen sollen 110. Schuh lang, und im Grunde 14. Schuh breit im übrigen aber verhältnismässig weit, der Seegelbaum 82. Nürnberger Schuh hoch und der Seegel 28¼. Schuh in der Länge oben her 24. Lindauer Ellen unten her aber 16¼. Ellen breit seyn; und so ist auch wegen den kleinen Schiffen wie sie zu bauen, das nöthige vorgeschrieben. Die

gröss-

grössere Schiffen tragen überhaupt eine Last von 2000. Centner. Man braucht auch die Vorsicht die Schiffe vor der Abfahrt ob sie nicht überladen, beschauen zu lassen, wie auch dißfalls eine besondere Ordnung vorgeschrieben ist, und daß alles eingeladene an Güter, Frucht oder Salz vor Regen und Schnee wohlbedeckt sey.

Auch muß bey der Abfahrt, Wind und Wetter wohl beobachtet, und alle menschen mögliche Vorsicht wieder alle Gefahr genommen werden; wie sich dann auch dißfalls die Schiffleute zu mehrer Sicherheit verbürgen müßten.

Viertes Kapitel.

Von den denkwürdigsten Begebenheiten, die sich in den ältern und neuern Zeiten an unserm See zugetragen.

Obwohl die Römer die erste Anwohner unseres Bodensees endlich auch wie fast die ganze übrige damals bekannt gewesene Welt unter ihre Herrschaft gebracht, so gewahrten sie doch bald, daß sie es mit keinen asiatischen und weibischen, sondern mit kriegerischen und der Freyheit gewohnten Völkern zu thun hätten, die sie durch blosse Besazungen in ihren Gränzfestungen nicht im Gehorsam erhalten würden.

Sie fanden dahero in verschiedenen Gegenden noch über dem nöthig, einen Theil der besiegten jungen Mannschaft auszuheben, und sie anderwärts hinzu versezen, deren Pläze hingegen mit eigenen Colonisten zu ergänzen, die auf die alte Einwohner ein wachsames Auge halten sollten. Gleichwohl konnten diese ihrer vorigen Freyheit um so weniger vergessen, als sie von den römischen Landvögten oft gar hart gehalten, und insgemein mit schwehren Abgaben geplagt wurden.

Es sollen sich dahero auch bereits in dem 2ten Seculo am Rhein, der Donau und dem Neccar nebst einigen Galliern zum theil die Helvetier, Rhätier und Vindelicier, die des römischen Jochs überdrüssig worden, mit einander vereiniget, und dadurch den allemannischen Bund zustande gebracht haben; der diesen Namen deßwegen erhalten, weil die in demselben verbundene Völker, da sie aus Männern verschiedener Nationen bestanden, zusammen überhaupt Allemannier genannt worden; es gesellten sich auch nach und nach so viele Sueven oder Schwaben zu denselben, daß sie in der Folge mit den eigentlichen und unvermischten Sueven verwechselt, und beede für einerley Nation wiewohl irrig gehalten worden.

Dann die Allemannier machten für sich mehrere Jahrhunderte hindurch eine so mächtige Nation aus, daß sie die Römer durch ihre stete Streiffzüge nicht nur in ihre teutsche, sondern selbst italiänische und gallische Provinzien oft nöthigten, nicht allein den Frieden mit Geld von ihnen zu erkaufen, sondern ihnen zuweilen sogar jährliche Tribute zu bezahlen, und obwohl sonst diese Kriege

öfters

öfters auch mit abwechselndem Glück geführt worden, so breiteten sich doch die Allemannier in Teutschland, in der Folge so weit aus, daß unter solchem das allemannische Reich eine zeitlang allein begriffen wurde, wie es dann anfänglich unter mehrere Könige getheilt war; es ist sich dahero nicht zu verwundern, daß Teutschland in der französischen Sprache noch heute zu tage von ihm den Namen führet.

Es gedenken jedoch die römische Scribenten dieser Nation erst um den Anfang des 3ten Seculi unter der Regierung des K. Caracallä.

Da es aus angeführten Ursachen weder der Raum noch der Endzweck dieses Tractätleins gestattet, von den Kriegen und Streiffzügen überhaupt, und also auch von dieser Nation insbesondere umständliche Nachricht zu geben; so begnügen wir uns hier nur von den Lentiensern etwas anzumerken, die zu dieser berühmten allemannischen Nation gehörten, und die obere Gegend unsers Sees von den bregenzischen Gränzen an biß nach Buchhorn, welche an das Hegäu die Landvogtey Schwaben und das Allgöw gränzet, bewohnet, die daher den Namen Linzgöw oder Pagus lentiensis von diesem aber der Hauptort Lindau in diesem Gow den Namen Lentia geführet; in den folgenden Zeiten wurde diese Gegend, eine erbliche Grafschaft deren Residenz Buchhorn war, von welcher sich diese Grafen von Linzgäu auch mitschrieben. Das Landgericht oder Mallus dieser Grafschaft aber blieb bey der nachmaligen Reichsstadt Lindau biß an das Ende des 15ten

Seculi, von dannen es erst nach Altorff verlegt wurde.

Diese Lentienser zogen sich hinnach zum theil von dem Bodensee in das untere Helvetien und bevölkerten die Gegend Lenzburg, welche von ihnen den Namen erhielt; sie müssen einen beträchtlichen Theil der allemannischen Nation ausgemacht haben, oder von ihren Verbündeten und den alten Einwohnern an der schwäbischen Seite des Sees den Vindeliciern sehr verstärket worden seyn; indem wie wir im ersten Theil der Geschichte von Schwaben bemerkt, im Jahr 354. der K. Constantius genöthiget worden, wieder sie zu Felde zu ziehen, und endlich mit ihnen Frieden zu schliessen.

Da sie aber solchen nicht hielten, kehrte er von Mayland an das Gestade des obern Bodensees zurück; da ihn die Lentienser zwar besiegten; aber hiedurch stolz und unvorsichtig wurden, worauf er sie unvermuthet solchermassen schlug, daß, was von ihnen dem Schwerd nicht entrann, getödtet wurde.

Obwohl nun die Nation überhaupt gegen die Römer nicht allezeit glücklich war, so erholten sie sich doch von ihren jeweiligen Niederlagen bald und so weit wieder, daß sie selbe unter dem K. Valentinian zu einer gänzlichen Rückkehr aus den teutschen und helvetischen Gränzen nöthigten. Sie behaupteten aber ihre erlangte grosse Macht und Herrschaft kaum biß an das Ende des 5ten Seculi, da sie sich mit einer andern mächtigen Nation nämlich denen

Fran-

Franken in einen Krieg verwickelten, der fast der ganzen Nation höchst fatal war, indem sie 496. von dem ersten merovingischen König Klodowig auf das Haupt geschlagen wurden; unter deren Schuz sich hernach auch die an unserm See angesessene Allemannier begeben mußten, weil sie ihre Verbündete nach ihrer harten Niederlage nicht mehr beschüzen konnten; dahero sich auch einige von ihnen unter den Schuz der Goten begeben, die aber in der Folge ebenfalls der fränkischen Herrschaft sich unterwarffen.

Da dann unter dem fränkischen König Theodorich Allemannien folgendermassen abgetheilt wurde: 1) in das allemannische Helvetien 2) in Rhätien und Schwaben und 3) in das Elsaß.

Nachdem nun ein Theil besagter Allemannier wie oben erwähnt in das untere Helvetien gezogen, so nahmen hinnach deren verlassene Wohnsize an der schwäbischen Seite des Sees diejenige von der suevischen Nation ein, die unter dem besondern Namen der Juthungen und Hermundurer von ihnen in das Land gekommen, die vorhin in einigen dem jezigen Schwaben nächst gelegenen Landschaften ihre Wohnsize gehabt hatten; und nach deren allgemeinem Namen der Sueven solche Lande hinnach Suevien oder Schwaben genannt worden, welchen Namen sie auch biß auf den heutigen Tag behalten haben.

Unter den Franken wurde das Herzogthum Allemannien von Herzogen verwaltet, da aber diese zu mächtig werden wollten, sezte Carl der Grosse demselben Grafen vor; da dann ein Bezirk dem ein solcher Graf vorstund, ein Gow oder Grafschaft genannt wurde; eine solche war auch die oben an unserm See gelegene Grafschaft Bregenz, es wurde aber diese wie andere Grafschaften die die Grafen anfänglich nur verwaltungsweise inne hatten, auf mancherley Weise ein Eigenthum solcher Grafen, diese wurden mithin statt den vorigen Verwaltern und Landrichtern, die sie darinn vorstellten, selbst regierende Herren, wann sich aber diese Veränderung mit der Grafschaft Bregenz, die auch zu dem Herzogthum Allemannien gehört hatte, zugetragen, kann nicht bestimmt werden, wie dann solche Verwandlungen nicht zu gleicher Zeit sondern nur nach und nach erfolgten. Obige Grafschaft Bregenz gelangte endlich in der Folge ebenfalls als ein Allodial- und Erbgut Graf Ulrichs von Bregenz an dessen Tochtermann Rudolphen den Grafen von Pfullendorff.

Unter Kaiser Conrad dem 1sten findt man 912. wieder einen Herzog von Allemannien Namens Burcard, mit dessen Erhebung oder Regierung man aber nicht zu frieden gewesen zu seyn scheint, dann er wurde in folgendem Jahr auf einer Versammlung der Nation ermordet. Da auch ermelter Kaiser dem Bischoff Salomo von Costanz einige königliche Kammergüter geschenkt, von denen die damalige Cameræ nuntii oder Kammerbothen, die Gebrüder Erchanger und Berchtold die Lebensmittel zur Unterhaltung ihrer Besatzung in Steinheim gezogen

zogen hatten, so entstund ein so heftiger Streit darauf, der für gedachte 2. Brüder, weil sie gegen den Bischoff Gewalt gebraucht, und denselben so gar gefangen gesezt hatten, die traurigste Folgen hatte, in dem sie auf des Kaisers dieserwegen gebrachte Anklage 917. zu dem Tode verurtheilt wurden, welches Urtheil man auch an ihnen vollzog. Die Schwaben wählten sich hinnach mit des Königs Einwilligung einen andern Herzog, gleich solches damals in andern teutschen Provinzien auch geschah, der gleichfalls den Namen Burcard führte, von dem an, man die ordentliche Folge der schwäbischen Herzoge biß auf den lezten derselben den unglücklichen Conradin weißt. Im Jahr 925. und 938. streiften die Hungern an unsern See, da dann die herumliegende Landschaften von ihnen sehr verwüstet wurden. Auch die schwäbische Herzoge richteten dieser Enden oft viele Unruhen und Verwüstungen an; von denselben bemerken wir nur Herzog Herrmann der ein Landgraf von Hessen und Franken gewesen, und die in diesem See gelegene Stadt Lindau in Brand gesteckt, weil vermuthlich ihr damaliger Oberherr Graf Uzo von Bregenz (von dem sie sich hernach loßkaufte) entweder sich mit des Kaisers Feinden verbündet, oder sonst verfehlt haben muß.

Kaiser Heinrich der 3te hielt verschiedene Reichstäge zu Costanz, auf deren einem der schwäbische Friede errichtet, und durch solchen alle Fürsten und Stände des Reichs wieder mit ihm versöhnt wurden, die mit ihm nicht in allen Stücken zufrieden waren, da dann auch unsere Landschaften die höchst bedürftige Ruhe wieder erhielten.

Da aber sein unmündiger Nachfolger Heinrich der 4te zwar eine der langwierigsten aber unglücklichsten Regierungen in allem Betracht hatte, zumal da er auch von dem P. Gregor den 7ten auf den Tod verfolgt wurde; so war diese Ruhe von keiner langen Daur; in dem die Priester den kaiserl. Gesinnten keinen Gottesdienst halten wollten, dahero viele Leute theils Orten weil diese Verwirung 18. Jahr daurte, gebohren worden und gestorben, die keinen Gottesdienst verrichten sehen; anders Elendes so die Verwüstungen dieser Enden und Zeiten anrichteten, jezo nicht zu gedenken; wozu auch des Kaisers gegen Kaiser Rudolph von Rheinfelden das Seinige mit beytrug.

Da dann diese Lande bald der rechtmässige Kaiser, bald dessen Gegner auf das äusserste verheerten. Es zeigte Rudolph seine vermeintliche kaiserl. Autorität auch in Bestellung oder Absezung der Bischöffe von Costanz; wie er dann den von Heinrichen eingesezten Bischoff Otto verjagte, und das Bistuhm dessen Vorfahrer wieder gab; auch besezte er die erledigte Abtey St. Gallen mit Luitolphen einem dasigen Conventualen, mit welcher aber diejenige Mönche die Heinrichen anhiengen, nicht zufrieden waren. Als dahero dieser selbst in das Thurgäu kam, wurde dieser neue Abt verjagt; dem der Abt Eccard in der Reichenau ein Anhänger Rudolphs Schuz gab; Heinrich verlieh hingegen die Ab-

Abtey Ulrich einem Sohn des Herzogs von Kärnten, der aber ein schlechter Haushalter war. Dahero ihn der reichenauische Abt entsezen wollte; wogegen Ulrich sich zur wehrsetzte, und sich endlich verglich; zu seiner Sicherheit aber die Vestung Cragen an der Sitter baute; welchen Bau der damalige Kastenvogt von St. Gallen nicht zugeben wollte; während diesen Streitigkeiten wurde von K. Heinrich dem 4ten die erbliche Kastenvogtey Zürich nebst der Landgrafschaft Thurgäu dem Herzog Berchtold dem 2ten von Zähringen überlassen, und das Herzogthum Allemannien in das heutige Schwaben eingeschränkt, welches kraft getroffenen Verglichs von 1097. Friederichen von Hohenstauffen eigenthümlich zufiel, in dessen Hause es bey 200. Jahr geblieben; aus welchem er der erste Herzog von Schwaben wurde. Nun wäre um so mehr zu wünschen gewesen, daß durch diesen Verglich eine allgemeine Ruhe dieser Enden wäre erhalten worden; als diese vorhin eben auch durch Berchtolden von Zähringen und Friederichen von Stauffen durch ihre erlangte Ansprüche auf das Herzogthum Allemannien war, gestöhrt worden; allein kaum war ein Streit geendiget, so entstund ein anderer; wozu der Uebermuth der Geistlichen ein Grosses mit beytrug, und solche Unruhen vermehren halff; wie dann die Aebte von St. Gallen und in der Reichenau ein ander fast immer in den Haaren lagen. Obiger Abt Ulrich von St. Gallen mußte endlich flüchtig werden; da dann der reichenauische Abt Eccard nächst bey St. Gallen auf dem Berglein Berneck ein Schloß bauen, und das Kloster St. Gallen daraus zerstöh-

 ren

ren wollte. Ulrich kam aber wieder zurücke, und verwüstete solches. Nach dem Tode H. Rudolphs von Rheinfelden wurde nun Heinrich dem 4ten Hermann von Luxenburg zum Gegenkaiser erwählet; dieser entsezte darauf den Abt Ulrich von St. Gallen wie auch dessen Gegner, und bestellte an deren Stelle Wernherr einen reichenauischen Mönchen den dessen voriger Abt Eccard selbst verjagte, wurde aber von Ulrichen zurücke und biß nach Ermatingen getrieben. Diese Streitigkeiten daurten so lange, biß endlich Ulrich seine Feinde besiegte, und zum gänzlichen Rückzug nöthigte. Es zogen sonst nur edle Ritter in das Feld, allein dieser Abt bewafnete auch die Bauren, die sich so gar bey ihren Feldarbeiten mit Panzer, Harnisch und Gewehr mußten bereit finden lassen, um auf den jeweilen ergehenden Landsturm sogleich zum Streit gerüstet zu seyn. Um diese Zeit wurde B. Otto von Cöstanz durch Herzog Welphen von Bayren aus seinem Bistuhm verjagt, und an seine Stelle ein hirschauischer Mönch und Bruder M. Berchtoldens von Zähringen erwählt; überhaupt waren die Jahrgänge 1082. und 1083. für die helvetische und schwäbische an diesem See gelegene Landschaften betrübt; in welchen Raub Brand und Verheerung mit einander abwechselten. Viele Grafen und Herren wurden der Welt so überdrüssig, daß sie sich in Klöster begaben, und die niederträchtigste Dienste in denselben annahmen. Insbesondere schien es, als ob die Streitigkeiten zwischen den Aebten von St. Gallen und der Reichenau gar kein Ende nehmen wollten. Der erste rieff den Herzog von Zähringen, der andere aber

den

den Bischoff von Costanz um Hülffe an, wodurch dann zwar beyde Partheien gestärkt, aber ihre arme Unterthanen nur desto mehr von ihnen und mehr als vorhin je geschehen, beschädiget wurden. Der Abt Eccard bracht 1084. mit seinen Verbündeten ein so ansehnliches Kriegsheer zusammen, daß sie es in 2. Hauffen theilten, da sie dann mit dem einten die rechte Seite des Sees so viel dem Abt von St. Gallen davon biß nach Costanz zustund, jämmerlich verwüsteten; vorüber auf der andern Seite des Sees war Hauptmann Aldiger ein Ritter; dieser zog mit dem andern Kriegshauffen biß an das hohe Gebirg bey Unterrhätien, verderbte alles jämmerlich und trieb einen grossen Raub von Vieh und andern mit hinweg.

Der Abt von St. Gallen zog darauf mit verderbender Hand hinwieder durch das ganze Thurgäu hinunter biß an den Untersee, wodurch dann alle diese Gegenden biß auf den Grund verheeret wurden; endlich mußte man nach der Gewohnheit aller Kriegführenden, nachdem man einander vorhero allen ersinnlichen Schaden verursachet, einen Frieden stiften, den man ohne so grossen Verlust erhalten hätte, wann beede Theile gleich anfänglich vernünftig und billich gesinnet, nicht aber von der Raub- und Eroberungssucht beherscht gewesen wären. Da endlich Abt Ulrich die Würde eines Patriarchen von Aquileia erhielt, so ließ ihn sein Gegenabt Wernher in dem ruhigen Besiz seiner Abtey.

Der

Der Abt Eccard strebte darauf auch nach einer höhern Stelle, und hofte das Bistuhm Augspurg zu erhalten; allein er wurde auf seiner Reise dahin von einer Krankheit überfallen, die ihn in das Reich der Todten versezte, und damit aller seiner gehoften mehrern Herrlichkeit ein Ende machte. Nachdem Tode B. Otto von Costanz verlieh der Kaiser das erledigte Bistuhm Arnolphen einem gebohrnen Grafen von Helffenstein; diesen führte der St. gallische Abt Ulrich nebst dem Graf Heinrich des neuen Bischofs Bruder mit bewafneter Hand nach Costanz, um ihn allda auf den bischöflichen Stuhl zu sezen. Allein die Bürger liessen sie nicht ein; der Abt zündete darauf etliche Häuser vor der Stadt an, plünderte das Kloster Petershausen, und zog darauf unverrichteter Sache wieder nach Hause. Dagegen rächeten sich die Costanzer an der Landschaft des Klosters St. Gallen mit Feuer und Schwerd, so daß sie auch der Kirchen nicht verschonten; nun besiegte sie zwar der Abt; allein M. Berchtold des neuen vom Pabst eingesezten Bischofs Bruder fiel auf das neue die St. gallische Landschaften an, in welcher er alles verwüstete; der neue Bischoff blieb nun in dem ruhigen Besiz des Bistuhms, und der von dem Kaiser vorhin eingesezte Bischoff Arnolph mußte ihm weichen; erhielt jedoch endlich nach des Kaisers Tod das Bistuhm auch noch. Da sein Nachfolger Ulrich ein gebohrner Graf von Kyburg mit der Wahl K. Lothars nicht zufrieden war, belagerte der Herzog von Bayren die Stadt Costanz, die sich um eine Summe Geld mit ihm abfinden mußte. Die forwährende Unruhen

hen dieser Zeiten veranlaßten 1139. den Graf Rudolph von Bregenz etliche dem Kloster Petershausen gehörige Güter anzufallen, worauf der Bischoff von Costanz Ulrich ebenfalls zu den Waffen griff, mit dessen Betragen hiebey aber das Dommstift so mißvergnügt war, daß es ihn dißfalls bey dem Pabst beklagte. Er verließ aus Verdruß das Bistuhm und zog in sein vormaliges Kloster nach St. Blasy zurücke.

K. Friederich der 1te hielt 1154. im 2ten Jahr seiner Regierung den berühmten Reichstag zu Costanz, wo er denen Abgeordneten der Stadt Lodi aus der Lombardie auf ihre bittere Klagen gegen die Stadt Mayland Hülffe versprach, auch solche hinnach wirklich leistete. Während seiner Abwesenheit machten sich die unruhige Fürsten und Edelleute solche dergestalt zu nuz, daß sie sich einander mit den Waffen in der Hand Recht verschaften, da je einer den andern zu berauben suchte. Der Kaiser hatte zwar vorhin schon solchem Unwesen durch Errichtung eines Landfriedens wie wohl vergeblich abzuhelffen getrachtet, das Uebel war schon zu tieff eingewurzelt, und den meisten mit solcher Unordnung selbst gedient. Nach seinem Tode im Orient in dem von ihm vorgenommene Kreuzzuge warff sein Kriegsheer seinen Prinzen Friederichen zum Oberfeldherrn auf; er eroberte zwar die Stadt Acron in dem 3ten Jahre nach ihrer Belagerung, aber die Pest nahm während dieser Zeit so viel Volks weg, daß nur wenige von unsern Schwaben und andern wieder nach Hause kamen, auch gedachter Prinz

Frie-

Friederich selbst das Zeitliche verließ. Das Kaiserthum erhielt dahero sein Bruder Heinrich der 6te der 1192. das Herzogthum Schwaben seinem Bruder Conrad, und nach dessen Tode dem jüngern Bruder Philipp verlieh. Heinrich brachte durch seine Vermählung die Königreiche Neapoli und Sicilien an das schwäbische Haus. Er verließ aber bald das Zeitliche; in dem er 1197. zu Messina und zwar in päbstlichen Bann wegen dessen Streitigkeiten mit dem römischen Stuhl mit Tod abgieng; nach dem er vorhero seine aufrühriche Unterthanen die Sicilianer gezüchtiget hatte. Nach seinem Tode erhielt vorgedachter Philipp die kaiserl. Krone; dem aber der Pabst, Otto den 4ten Herzogen von Sachsen entgegen zum römischen König ernennen ließ; worauf ein abscheulicher 10. jähriger Krieg zum theil auch in unsern Gegenden entstund. Nach dem Tode Philipps gelangte endlich Otto, der sich mit dessen Prinzessin Tochter vermählte zu einem ruhigen Besiz des Reichs. Es erhob sich aber unter ihm zwischen dem damaligen Bischoff Wernherr von Costanz und Abt Ulrichen von St. Gallen ein grausamer Zwist um das Schloß Rheineck, auf dessen Besiz ein jeder Anspruch machte; da sie endlich nach langen Zänkereyen mit einander zu den Waffen griffen, suchte sie der Abt in der Reichenau vergeblich zu einem Vergleich zu bringen. Der Abt von St. Gallen war ein junger hiziger Mann, dem kurz vorhin die Schirmvogtey seines Klosters samt vielen andern dazu gehörigen Gütern und Rechten heimfiel; die er seinem Bruder Heinrichen von Sax verlieh; sein schöner Character erhellet

aber

aber aus folgendem: er hatte mit den Einwohnern zu Arbon einen Streit wegen eines Waldes im Appenzell; da dann einer seiner Leute, der in solchem von den Arbonern auf einem Holzfrevel betroffen worden, an einem Fuß gestumpft wurde. Als darauf dem Abt 6. nicht der schlechtesten Männern von Arbon dagegen in die Hände geriethen; ließ er deren jedem alle beyde Füsse abhauen; welche Zeiten, welche Sitten selbst unter den Häuptern des geistlichen Standes! gleichwohl war es dieser Abt der 1204. von K. Philipp nicht nur die fürstl. Würde, sondern 1215. von P. Innocenz dem 4ten da er als Gesandter Friederichs des 2ten bey dem 4ten lateranischen Concilio in Rom gegenwärtig war, das Recht die bischöfl. Inful an Festtagen zutragen, erhielt.

Jedoch wir kehren wieder auf den Krieg dieses Abts mit dem Bischoff von Costanz um das Schloß Rheineck zurücke; dieser hatte seine Vettern die Freyherrn von Arbon auf seiner Seite; dagegen die St. Galler ihren Abt und dessen Kloster selbst zu beschützen, auch Rheineck zu erobern sich getrauten. Da es endlich zum Gefechte selbst kam, hatte der Abt nach langem Streit wirklich Hofnung die Wahlstadt zu behaupten.

Allein das Glück blieb ihm nicht biß an das Ende günstig, sondern wandte sich endlich auf des Bischofs Seiten. Dann währendem Streit eilte ihm der Graf von Kyburg mit seinem Kriegsheer zur Hülffe, und dadurch gewann Abt Ulrichs Gefecht

fecht einen traurigen Ausgang; dann er wurde mit allem seinem Volk überwunden. Diese Schlacht geschah bey Breitfeld ohnfern St. Gallen bey Sturzeneck. Durch diesen landverblichen Krieg gewannen jedoch beyde Prälaten nichts anders, dann daß K. Otto das Schloß Rheineck mit seiner Zugehör zu seiner und des Reichs Handen nahm, und ihnen das Nachsehen ließ. Weil Otto nach erlangtem Besiz des kaiserlichen Throns nun auch die demselben zustehende Gerechtsame zu behaupten suchte, so wurde nun der Pabst aus seinem vormahligen Gönner sein ärgster Feind, den er nun so sehr als die vorige schwäbische Kaiser verfolgte. Er brachte dahero Friederichen den Prinz Heinrich des 6ten in Vorschlag, der bereits vor Philippen die kaiserliche Krone hätte erhalten sollen, den er aber dazumahl wegen seiner vorgeblichen unächten Geburt verworfen hatte. Dieser reisete zu dem Ende aus Italien über die rhätischen Alpen in das Kloster St. Gallen, und wurde von dasigem Abt und andern Prälaten von dannen biß nach Achen begleitet, und auch allda gekrönet.

Inzwischen ließ der Pabst wieder den K. Otto offentlich auf der Brücke zu Costanz den Bann ausruffen, der sich nicht ferne davon damals in der Reichsstadt Ueberlingen aufhielt; und der endlich 1218. das Zeitliche verließ. Ob nun schon Friederich durch Hülfe des päbstlichen Stuhls die kaiserl. Krone erhalten hatte, so suchte er doch so standhaft als je ein anderer Kaiser seine Gerechtsame gegen die Päbste zu behaupten, wodurch die

Un-

Unruhen und Verwirrungen auf das höchste stiegen, in dem die Justiz fast gänzlich zu Boden lag. Es griff demnach ein jeder zu, so bald er nur Anlaß bekam, etwas an sich zu reissen, und so den Besiz seines Raubes behaupten konnte. Es hatten besonders die Stiftsgeistliche an diesem See zu dieser Zeit viele Gelegenheiten, weltliche Herrschaften an sich zu bringen; wie dann vornämlich die Bischöffe von Costanz beträchtliche Herrschaften im obern Thurgäu besassen; ja es stund ihnen fast die ganze Gegend an der helvetischen Seite des Sees von Gottlieben biß nach Arbon und Bischofzell zu, auch trugen viele Edelleute adeliche Lehen von ihnen. Die Aebte in der Reichenau hingegen besassen einen guten Theil des untern Thurgäues; sie hatten gleichfalls viele adeliche Lehentrager, die dort herum Güter hatten. Die Abtey St. Gallen besaß fast seit ihrer Stiftung an ansehnliche Landschaften, die derselben sowohl unter den Carolingern als von den sächsischen Kaisern vermehrt wurden. Neben ihrer jezigen Landschaft besaß sie in dem 13ten Jahrhundert gröstentheils das Rheinthal, und in gewissem Betracht den ganzen Canton Appenzell; wie dann auch gleichfalls die da herum angesessene Edelleute der Abtey Lehentrager waren; so stund auch ein Theil des obern Thurgäues unter ihrer Bothmässigkeit. Man zählte dazumal diesen Abt, nebst denen von Fulda, Kempten und der Reichenau unter die reicheste und mächtigste Prälaten der Christenheit.

Endlich wurde Friederichen auf päbstlichen Befehl von den geistlichen Fürsten der Landgraf Heinrich von Thüringen zum Gegenkaiser erwählt, den man deßwegen auch nur den Pfaffenkönig nannte. Friederich behielt inzwischen doch viele Anhänger selbst in Schwaben und Helvetien auch unter der Klerisey. Heinrich blieb endlich in der Belagerung vor Ulm. Nach dessen Tode die kaiserl. Krone so unwerth wurde, daß sie kein Fürst im Reich verlangte; dahero man sie dem schwachen Graf Wilhelm von Holland überließ; der zwar Mittel fand, den kaiserl. Prinz Conrad ebenfalls zu schlagen, bey Lebzeiten Friederichs aber zu keiner ruhigen Regierung gelangte; Friederich verließ endlich als einer der weisesten und gelehrtesten Fürsten seiner Zeit das Zeitliche 1250. Sein Prinz Conrad suchte darauf das ererbte Königreich Sicilien zu behaupten; in dessen Abwesenheit gebahr ihm seine Gemahlin den unglücklichen Conradin; auch Conrad focht in Italien mit so schlechtem Glück, daß er endlich dieses Land verließ, und vermuthlich aus Gram auf seiner Ruckkehr 1254. diese Welt gesegnete.

Conradin suchte zwar hinnach die vätterliche Erbschaft besonders das Königreich Sicilien zu erobern, allein die Päbste und Italiäner waren ihm eben so abgeneigt als seinen Voreltern, und gönnten es lieber dem französischen Prinz Carl von Anjou, mit dem er so unglücklich darum kämpfte, daß er von ihm gefangen wurde; der ihm darauf das Haupt auf einem Blutgerüste 1268. zu Neapolis abschla-

gen

gen ließ, und hiemit dem schwäbischen Kaiserhause ein gänzliches Ende machte. Vor und nach dem Tode dieses unglücklichen Prinzen wurde das alte Herzogthum Schwaben, sowohl von seinen Vorfahrern als von ihm solchermassen versplittert, und unter so vielerley Fürsten, Aebte, Grafen, Herren und Städte zertheilt, daß sich nicht zu verwundern, daß in dem hieraus entstandenen schwäbischen Reichskreis nun über 90. Stände befinden; ohne der Land- und Herrschaften zu gedenken, die sich in Rhätien und Helvetien frey gemacht, oder an das Haus Oesterreich gelanget sind; die es zum theil noch besizet, theils an die Eydsgenossenschaft gekommen; auch deren nicht zu erwehnen, die höchst gedachtes Haus in und um Schwaben noch selbst inne hat, noch was in demselben dem schwäbischen Ritterkreise zustehet. Zu dieser Zersplitterung dienten vornämlich auch die fast immer fortwährende Unruhen und zweyspältige Kaiserwahlen in dem sogenannten grossen Zwischenreich. Die damalige Hauptabsicht fast jedes Fürsten, Grafen und Freyherrn war, sich auf Unkosten seines schwachen Nachbahrs mächtiger zu machen, und sich zur unmittelbahren Reichsfreyheit und Landeshoheit hinaufzuschwingen, wornach auch die Reichsstädte damals strebten; wozu sie aber schwehrlich gelanget wären, wann die höhern Stände ehe die Städte durch ihre Bündnisse und Gewerbe zu ihrer nachmaligen Macht gelanget, gleich anfänglich näher sich mit einander gegen sie vereiniget hätten; da dann die Städte ohne Zweifel zu schwach gewesen wären, ihnen hinlänglichen Wiederstand zu thun.

Endlich wurde zu Aufhebung der so sehr überhand genommenen innerlichen Unruhen, Befehdungen u. s. w. Graf Rudolph von Habspurg, als ein hiezu vorzüglich tauglicher mächtiger Herr 1273. zum Oberhaupt des Reichs erwählt; es kostete ihn doch viele Mühe, biß er die allgemeine Sicherheit nur einigermassen wieder herstellen, und die dißfalls auf ihn gesetzte Hofnung erfüllen konnte; dann eine gänzlich fortdaurende Ruhe konnte er gleichwohl auch in unsern Gegenden nicht bewirken; wie dann in solchen eine neue zweyspältige Abtswahl in dem Stift St. Gallen zu einem abermaligen verwüstenden Krieg anlaß gab. Einige erwählten Heinrichen Freyherren von Werdenberg, andere Ulrichen Freyherren von Güthingen; mit dem ersten hielten es der Bischoff Eberhard von Costanz und der Abt Albrecht aus der Reichenau. Eine jede Parthey suchte sich Anhänger zu machen; endlich kam es zu einem offentlichen Zwist, wodurch die Güter beyder Partheyen diß und jenseits des Sees verheeret wurden; während diesem Krieg starb zwar Heinrich Ulrichs Gegenabt; dadurch aber wurde demselben nicht geholffen, sondern ihm Rumold ein Herr von Ramstein entgegen gesezt. Durch diese Streitigkeiten gerieth das vormals reiche Kloster St. Gallen in eine solche Armuth, daß eine geraume Zeit nicht einmal ein Kelch mehr in demselben solle vorhanden gewesen seyn, so daß man einen entlehnen mußt, wann man Hochamt halten wollte; ohnerachtet der vorige Abt demselben 1400. Mark jährlicher Einkünfte soll hinterlassen haben. Endlich wurde Rumold nach Abt Ulrichs Tod in der Abtey be-

stäti-

stätiget; die aber auch von ihm schlecht verwaltet wurde. Er gerieth anbey wegen seinem Haß gegen den damaligen Landamman von Schönenbül mit den Appenzellern in Streit, den er gefangen sezte, hinnach aber selbst auf seinem Schloß Klanx belagert wurde; doch entfloh er, und nöthigte darauf seine Feinde zum Abzug. Das Kloster wurde unter ihm so baufällig, daß der Regen durch das Dach in die Kirche fiel, und der Gottesdienst gar abgieng. Er tratt endlich die Abtey an Graf Wilhelm von Montfort gegen ein jährliche Bezahlung von 1000. Mark Silbers ab; nach dem er dem Kloster mehr als um 10000. Mark Silber Schulden hinterlassen hatte. Sein Nachfolger suchte zwar dem Kloster wieder aufzuhelffen, es geschah zuweilen aber auf keine gar löbliche Weise; wie er dann auch dißfalls mit seinen Conventualen und besonders wegen seiner Strenge gegen sie nicht nur in Streit, sondern durch den päbstlichen Legaten selbst in Bann auf kaiserlichen Befehl gerieth, nun kam er zwar wieder zu Gnaden; hernach aber wegen Abtrettung der Vestung Yberg, die er verweigerte, mit dem Kaiser wieder in einen so heftigen Streit, daß dieser nebst dem Abt von Wettingen einen gebohrnen Freyherrn von Gundelfingen statt seiner zum Abt einsetzten; den der Kaiser mit seinen Söhnen selbst aufführte, und die Gotteshausleute zwang dem neuen Abt bey Straffe der Aacht zu schwören; der Abt Wilhelm wurde darauf von dem Kaiser so stark verfolgt, daß er endlich aus dem Kloster entwich, doch nach des Kaisers Tod durch Vorschub der Bürger von St. Gallen wieder in das Kloster kam, denen er hernach

 ihre

ihre Freyheiten erneuerte; wie ihn dann auch die Appenzeller wieder vor ihren rechtmässigen Herrn erkannten. Auch der Bischoff von Costanz ergriff seine Parthey gegen den gewaltthätigen Vogt des Klosters. Der Abt selbst bestrafte die ihm feindselige Stadt Buchhorn am Bodensee mit verwüstender Hand; während solchem Zug aber verheerten seine Feinde das Land Appenzell, dessen Einwohner mit dem Abt vor Buchhorn lagen mit Feuer und Brand; die zwar eilend dahin zurückkehrten, den Feind aber mit der Beute nicht mehr erhaschen mochten; die Weiber und Kinder sahen sich in solchem Jammer genöthiget in die Wälder und Gebirge zu fliehen; das Land Appenzell wurde dieser Zeit jämmerlich verwüstet. 1293. starb Bischoff von Costanz, Rudolph der dem Bistuhm über 100. Mark Schulden hinterließ. Er hatte aber hingegen dem Bistuhm von denen Marquarten von Kemnaten die Stadt Arbon am Bodensee um 2500. Mark Silber erkauft; und 3. Jahr hinnach überliessen ihm die Edelknecht von Bodmen die Vorstadt um 400. Mark Silber. Sein Nachfolger war Heinrich Klingenberg aus dem Thurgäu. Abt Wilhelm stund hinnach dem Kaiser Adolph in seinem Krieg gegen Frankreich bey, war aber so unglücklich, daß er gefangen, doch endlich wieder frey gegeben wurde; der Bischof von Costanz war noch unglücklicher, ob er wohl der siegenden Parthey beygestanden, indem von seinen 300. Reutern kaum 3. davon gekommen seyen, denen doch dieser geistliche Seelenhirte den gleichen Tod gewünscht habe, so menschenliebend waren die Standesgeistliche dieser

Zei-

Zeiten. Nach dem Tode Bischoff Gebhards von Costanz folgte ihm Rudolph ein gebohrner Graf von Montfort; weil nun Siegfried Bischoff von Chur sehr betagt war, ließ er sich von ihm bereden, daß er ihm sein Bistuhm überließ, daß also Rudolph 2. Bistühmer zugleich verwaltete. Der damalige Abt Hiltbold von St. Gallen gerieth 1329. in so klägliche Umstände, daß er seines Verstandes beraubt wurde; deßwegen er die Siegel von sich gab; wie er dann noch so viel Vernunft hatte; die Conventualen zu bitten, seiner in Acht zu nehmen, daß er sich nicht selbst beschädigen möchte; er verschied endlich in 80sten Jahr seines Alters auf dem Schloß Appenzell. Was das Elend dieser Zeiten, die die damalige stete Kriege hervorbrachten, noch vermehrte, war, daß sich neben zu öftere Landplagen einstellten; von denen man in unsern Zeiten selten etwas erfährt; unter diese kann diejenige gerechnet werden, womit 1335. nicht nur ganz Teutschland, sondern auch die an diesem See gelegene Lande heimgesucht wurden; es bestand solche in einer Menge seltsamer geflügelter Heuschröcken, deren Flug sich auf 14. Stunden weit erstreckte, und die in Holz und Feldern alles was sie antraffen, auffrassen, und verzehrten; sie hatten 6. Flügel und Zähne so glänzend als Helffenbein. Mit Aufgang der Sonnen erhoben sie sich in die Luft, und zwar so dick als ein Nebel, der die Sonne verdeckte, und Schatten machte. Abends um 9. Uhr satzten sie sich wieder auf die Erde, und frassen alles ab. So bald man sie ersahe, läutete man aller Orten Sturm um sie abzuhalten; im Winter verkrochen sie sich,

 und

und im Frühling kamen sie wieder hervor, und dieses geschah 4. Sommer nach einander. Man tödtete ihrer viele; auch wurden viele von den Vögeln verzehrt; endlich machte ihnen ein im Weinmonat 1338. gefallener Schnee ein Ende. Auch die Ueberschwemmungen waren an unserm See in diesen Zeiten nicht selten; eine solche war auch 1343. um unsern Bodensee wie auch am Rhein, da das Wasser viele Wochen auf Wiesen und Feldern gleich einem See stund; wie dann damals das Wasser zu Costanz bey dem Fischerthor um das Prediger Kloster biß auf die Stadtmauren drang; und dasige und andere Bruggen hinweg riß. Worauf eine solche Hungersnoth erfolgte; die viele Leute hinwegrafte.

1344. nahm der Abt von St. Gallen das Schloß Rosenberg bey Herisau wieder unter seinen Gewalt, welches Abt Rumold einem Ritter von Rorschach wieder abtretten mußte. Dieser Ritter wurde darüber so heftig erbittert, daß er den Probst zu St. Gallen und des Abts Bruder gefänglich einziehen, und selbe auf sein Schloß Rorschach bringen ließ, behielt sie auch so lang, biß der Abt zu St. Gallen gedachtermassen das Schloß samt dem Meyeramt Weiler abtratt. Zu dieser Zeit wußte sich der Stärkere immer Recht zu schaffen, es mochte so ungegründet seyn als es wollte; überhaupt waren die Sitten dieser Zeit noch sehr roh, und wurden viele Grausamkeiten ungestraft begangen; wie dann ebenfalls auf gedachtem Schloß Rosenberg eine erschröckliche und dreyfache Mordthat begangen wurde, deren Erzählung auch hier nicht überflüsflüssig seyn wird; es erfolgte aber solche auf folgende Weise und Veranlassung:

Der vorbemelte Ritter von Rorschach war denen Edelleuten Gielen von Glattburg etwas Geld schuldig. Da sie aber zu keiner Bezahlung gelangen konnten, beschlossen sie solches biß zu ihrer Befriedigung einzunehmen; welches ihnen auch bey dessen schlechter Verwahrung leicht fiel; sie zwangen auch den Burgvogt ihm zu huldigen, solches Schloß zu ihrem Dienst zu behalten, und solches vor männiglich zu schüzen; er war aber nicht gesonnen diesen abgenöthigten Eyd länger zu halten, als biß er Gelegenheit fänd, sich dieser neuen Herrschaft wieder zu entschütten.

Als dahero gedachte Edelleute wieder in das Schloß kamen, und einer derselben sich in eine obere Kammer begab, um ein Fäßlein voll Spießeisen anzusehen, schlich ihm der Burgvogt nach, und erstach ihn hinterwarts unversehens; darauf eilte er nach dem andern Edelmann, der in einem andern Zimmer zum Fenster hinaus sah, und von solchem Vorfall nichts wußte, diesem versetzte er einen solchen Streich, daß er gleichfalls tod zur Erden sank; der Knecht wurde endlich darauf auch ermordet, und also in einer Viertelstunde ein dreyfacher Todschlag verübt. Die 3. todte Körper warf darauf der Vogt zum Schloß hinaus, und verwahrte das Schloß zu seines Herrn Dienst. Die Todte wurden darauf von den gielischen Verwandten abgeholt, und im Schloß zu Glattburg standesmässig begraben;

 sonst

sonst hätte sie der Vogt wie ein Aas verfaulen lassen; nun urtheile man auch aus diesem Vorfall über den justizlosen Zustand dieser Zeiten, und des lastervollen Lebens in denselben; wozu die vorhin unter der Regierung K. Ludwigs mit dem Pabst Johann dem 22ten entstandene Streitigkeiten ein nicht geringes mögen beygetragen haben; in dem während solchen die betrübte Zeiten Friederichs des 2ten sich wieder erneuerten. Dann obwohl die Reichsstände nach einer genauen Untersuchung dieser Streitigkeiten den vom päbstl. Stuhl ergangenen Bann für ungültig erklärten, und zu dem Ende des Kaisers Parthey ergriffen, und den durch solchen Bann aufgehobenen Gottesdienst durch einen förmlichen Reichsschluß wieder herstellen wollten, so suchte doch die Klerisey sich der Vollstreckung desselben immer zu entziehen. Wie verwirrt es in dieser Zeit zugegangen, können die Scribenten aus derselben nicht genug bejammern. Dann da der allgemeine Reichsschluß nicht vollzogen wurde, so hielten einige Ort das Interdict, und stellten den Gottesdienst ab; andere nicht; wie dann zu Costanz 12. Jahr lang kein Gottesdienst solle gehalten worden seyn. Endlich nöthigten die Bürger die Priester wieder des Bischofs willen, denselben wieder zuhalten; einige gehorchten; andere wollten lieber die Stadt meyden. Die Obrigkeit und die Bürger entzweyten sich hierüber. Die Dommherren und die ganze Klerisey, welche sich den Gottesdienst zu halten weigerten, wurden aus der Stadt gejagt; wie dann 17. Monat lang keine Mönche sich allda befanden. Wo sich inzwischen die Priester und Mönche zu Haltung

des

des Gottesdienstes wieder gebrauchen liessen; da wurden die Gemeinden angewiesen bey ihnen zu beichten; wer aber dieses Gebot übertrátte und ohne Sacrament stürbe, der sollte auf das offene Feld und weder in eine Kirche noch auf einen Kirchhof begraben werden.

1344. starb zu Costanz der Bischoff Nicolaus, der die 2. lezte Jahre seiner bischöflichen Regierung wochentlich 3 oder 4mal bey damaliger allgemeiner Theurung 2000. biß 35000. arme Menschen gespiesen; auch armen Haushaltungen und Dörffern schenkte er so reichlich, daß er der Armenvater genannt, auch von ihnen zu Grabe getragen wurde. Diese Freygebigkeit ist um so anmerkungswürdiger an ihm, als er sonst von Jugend auf sehr karg gewesen. Nach dem Tode K. Ludwigs wurde endlich das Interdict, welchem die helvetische und schwäbische Reichsstädte die ihm angehangen, zwar aufgehoben; es erforderte aber doch eine geraume Zeit biß sie von dem Bischoff von Costanz von dem Banne entlediget wurden.

Diejengen Landplage, die 1348. diese Gegend verheerte, werden vermuthlich manche für ein Mährlein halten; es soll sich nemlich dazumahl ein grausamer Dampf in dem Gewölk geäussert haben, aus dem viele Würmer auf die Erde gefallen, die den Boden dergestalt vergiftet hätten, daß an einigen Orten kaum der zehende Mann übrig geblieben. Eben so traurig war das Jahr 1362. dessen Sommer so ausserordentlich heiß war, daß Aecker und Wie-

Wiesen verdorreten, und vieles Vieh theils vor Hunger starb, theils mit einer giftigen Seuche heimgesucht wurde, daß man vieles davon schlachten mußte. Darauf folgte ein so ausserordentlich kalter Winter, daß alle Seen und Flüsse überfrohren; auf diesen aber wieder ein so nasser Sommer, daß das Vieh mit einer abermahligen Seuche, die Menschen aber mit einer solchen Hungersnoth heimgesucht wurden, die abermahls in weniger Zeit eine Menge Leute wegrafte; daß also fünferley Plagen auf einander folgten, 1. der heisse Sommer, 2. die Seuche unter dem Vieh, 3. Kälte, 4. nasser Sommer, und endlich 5. der Hunger.

Im Jahr 1366. erhob sich ein Streit zwischen den Bürgern von Costanz und dem Abt Mangolden in der Reichenau einem gebohrnen Freyherren von Brandies; aus welchem man abermahls die rohe Sitten dieser Zeiten auch unter Standesgeistlichen deutlich abnehmen kann. Es hatte gedachter Abt fünf Fischern von Costanz, die ihm zum Trotz in seinen Wassern gefischet, mit seinen eigenen Fingern zur Straffe die Augen ausgestossen, und sie also blind gemachter in die Stadt geschickt; worüber die Büger sich dermassen erbitterten, daß sie sich durch Brand und Plünderung an ihm selbst rächeten, so sehr lag die Justizpflege in diesen Zeiten im Verfall.

Nach des Abts Georgen von St. Gallen Tode 1379. wurde Conrad von Stauffen aus dem Allgöw zu dasigem Abt erwählt. Dieser verlangte an die Stadt, daß sie sich wegen ihrer Treue eidlich gegen ihm verbände, dagegen diese von dem Abt verlangte, daß er vorhin die von seinen Vorfahrern mit ihr eingegangene Vergleiche bestättigen solle. Der Abt übergab hierauf den Entscheid dieses Streits denen Städten am Bodensee, mit denen er in Verbindung stund, besonders da er versichert war, daß Ravenspurg, Costanz und Lindau gut auf seiner Seite stunden; die auch solchen Streit, wie auch einen andern des Abts zwischen den Appenzellern gütlich entschieden.

Es war dieser Abt sonst ein sehr unruhiger Mann, mit dem sowohl die Stadt St. Gallen, als die Appenzeller dieser Vergliche ohngeachtet doch immer zu streiten hatten, wie er dann besonders die erste bald hinnach wieder bey den Städten am Bodensee verklagte, bewog auch den Kaiser durch seine wiederholte Klage, daß er die gedachter Stadt St. Gallen schon ertheilte Freyheiten wiederrufte. Nun hatten zwar die 1381. Dienstags nach St. Ambrosi zu Costanz versammelte bodenseeische Bundesstädte in dem abermahligen Streit des Abts und der Stadt ihren Ausspruch dahin gethan, daß diese jenem als ihrem Dienstmann huldigen solle. Weil aber die Stadt eigene Gesetze errichtet, versammelten sich mehrgedachte Städte auf St. Margrethen Tag abermahls zu Costanz, und erkandten: daß die Stadt bey denen Briefen ihres hergekommenen Rechts bleiben, wegen der Huldigung aber dem vorigen Spruch nachleben solle.

Da

Da auch nach dem Tode Heinrichen gewesenen Bischofs von Costanz eine abermahls streitige Wahl entstund, in dem einige dessen Blutsverwandten Mangolden von Brandis Abten in der Reichenau, die übrige aber den Nicolaus von Reichenburg erwählten, so war dieser Streit um so heickler, als die damahlige 2. Päbste jeder eine besondere Parthey bey dieser strittigen Wahl nahm. Nach einiger Meinung soll das Bistuhm Mangold erhalten haben, der doch nach anderer Behauptung noch vor Nicolao gestorben sey, da er eben zu Pferde sitzen wollte, die wider seinen Gegner versammelte Völker zu mustern, auf welchen erst Nicolaus gefolget sey, der hernach Bischof von Ollmüz wurde; er verschwendete dem Bistuhm in weniger Zeit 24000 fl., und wurde dahero genöthiget dasselbe, dem Domprobst Burcard abzutretten. 1390. verbündete sich Abt Conrad von St. Gallen abermahl mit denen Bundstädten am See gegen seine damahlige Unterthanen die Appenzeller; und es hatte zu solcher Zeit sowohl diß als jenseit des Sees ein gefährliches Ansehen; wie sich dann zwischen dem Herzog von Würtemberg und ermeldten Städten ein langwieriger Krieg erhob, der endlich durch den Herzog Leopold von Oesterreich entschieden werden mußte.

Darauf entstund 1400. zwischen der Stadt St. Gallen, und dem obbesagten Abte allda ein neuer Krieg, an welchem wieder verschiedene Stände und Städte des Reichs disseit des Sees Antheil nahmen, dieser Streit rührte hauptsächlich dahero: daß obwohl die Stadt durch den Bau des Klosters entstan-

den,

den, sie dennoch hinnach in den Schutz des Reichs ebenfalls gekommen, neben welchem sie aber dem Abte in gewissen Stücken unterwürffig blieb; welches dann sonderlich unter der jetzigen Regierung des übermüthigen Abts Conrads zu vielen Streitigkeiten Anlaß gab. Nicht weniger bezeugten er und seine Beamtete ihre Tiranney gegen die Appenzeller, die dahero auf dem Punct stunden, mit zu brechen, doch wurde endlich 1402. ein Verglich zwischen dem Abt, der Stadt St. Gallen, Appenzell und Urnäschen durch die Städte Costanz, Ueberlingen, Ravenspurg, Memmingen, Kempten, Lindau, Ißny, Leutkirch, Wangen und Buchhorn zu stand gebracht.

Weil sich aber die Stadt St Gallen mit den Appenzellern in ein besonders Bündnis eingelassen, so wurde darüber noch nichts beschlossen; in dem sich weder die St. Galler noch Appenzeller deswegen weder gütlich noch rechtlich einlassen wollten. Auch war der Abt selbst mit diesem Ausspruch der Städte nicht zu frieden, dann er wollte den Bund, den die St. Galler und die Appenzeller mit einander geschlossen, gänzlich abgethan wissen; in dem er glaubte, daß beede seine angehörige Gotteshausleute wären, und dahero zu solcher Verbindung nicht befugt seyen. Die Reichsstädte vermochten endlich die streitende Partheien abermahl dahin, den Streit einem schiedsrichterlichen Ausspruch zu unterwerffen, und daß jeder Theil drey Schiedsrichter wählte, den Burgermeister Johannes Ströhlin von Ulm aber zu einem Obermann annahm. Es war hier-

hierauf eine abermahlige Satzung auf den 2ten Wintermonat 1402. nach Ravenspurg angesehen, da es aber auf den Ausspruch ankam, zerfielen die Schiedsrichter in ihren Meynungen, der Obermann fällte dahero das Urtheil allein, Kraft welchem er den Bund aufhob; womit nun aber die Appenzeller nicht zu frieden waren, und solchen Ausspruch für partheisch hielten, dann wann sie und die Stadt St. Gallen sich nicht mit einander verbinden könnten, so konnte es die letztere auch mit den Reichsstädten nicht thun, folglich müßte ihr Bund mit denselben ebenfalls aufgehoben werden; es glaubten aber die Appenzeller zu solchen Verbindunaen um so mehr berechtiget zu seyn, als es vor diesem mit andern auch geschehen. Sie fiengen auch an sehr wieder die St. Galler zu schelten, welche die einzige Ursache der Auflehnung wieder den Abt seyen; nun aber traten sie auf eine treulose Art von ihnen ab. Sie wollten auch weder den Bundsbrief ausliefern, noch dem Rechtsspruch ein genüge thun, sondern lieber den Krieg einem mißlichen Frieden vorziehen. In dieser Absicht schwuren die Gemeinden nach dem Beyspiel der ersten Eidsgenossen zur Erlangung der Freyheit eidlich zusammen, Leib, Ehr, Gut und Blut aufzuopfern; der Abt aber entwich aus dem Kloster, in dem nur ein einziger Mönch darinnen blieb, den die Appenzeller hinnach erstachen. Da der Abt endlich mit den St. Gallern und den Reichsstädten ausgesöhnt war, und solche auf seiner Seite hatte, glaubte er nun die Appenzeller durch die Gewalt der Waffen zu bezwingen. Damit er aber seinen Zweck desto gewisser erhalten möchte, suchte

er

er mit einigen Reichsstädten eine neue Bündnis zu schliessen, (ob er wohl mit denen am Bodensee schon in Vereinigung stund.) Er errichtete dahero mit den 7. Städten Costanz, Ueberlingen, Ravenspurg, Lindau, St. Gallen, Wangen und Buchorn die schon einen besondern Bund unter einander hatten, eine neue Bündnis; wie auch mit den 4. allgöwischen Städten Memmingen, Kempten, Jßny und Leutkirch, und es war beschlossen, daß er mit Hülffe derselben die Appenzeller überziehen solle. Diese suchten hierauf Hülffe bey den Eidsgenossen, die sich aber in diesen Handel nicht mischen, noch sie in ihren Schutz nehmen wollten; doch gestanden ihnen die von Schweitz ihr Landrecht zu; und die von Glarus erlaubten den ihrigen ihnen zu zuziehen; sie erhielten hiemit von denen von Schweitz 300. Mann Hülfsvolk, und 200. Mann freywillige Glarner.

Inzwischen hielten die Reichsstädte für gut, ehe sie mit dem Abt wieder die Appenzeller zu Thätlichkeiten schritten, ihnen neue Friedensvorschläge thun zu lassen, die sie aber stolz verwarffen. Der Abt zog darauf 1403. den 13. May mit einem Heer von 5000. Mann wieder seine so genannte rebellische Unterthanen aus; diese besiegten aber ihn und die reichsstädtische Hülfsvölker solchermassen, daß sie viele Panzer und Waffen der Reichsstädte erbeuteten; es sollen jedoch die Appenzeller diesen Sieg durch die gebrauchte List gar sehr erleichtert haben, daß sie ein der Stadt Costanz ähnliches Panner geführt, hiedurch wäre das Kriegsvolk der

Reichsstädte hintergangen und in Verwirrung gebracht worden; es ist fast kaum glaublich, daß dieser Sieg die Appenzeller nur 8. Mann solle gekostet haben. Sie streiften darauf siegreich durch die Länder des Abts biß an die Thore von Costanz und schleiften alle Zwingschlösser biß auf den Grund, und nahmen einige Dörffer in ihr Landrecht auf.

Der Abt fieng hierauf an, seine wiederspenstige Unterthanen mit der Gewalt der österreichischen Waffen zu bedrohen; die Reichsstädte aber hielten rathsamer Friede zu machen, der auch zwischen ihnen und den Appenzellern 1404. am St. Georgentag gütlich zustande kam.

Da nun durch solchen errichteten Verglich auch die Stadt St. Gallen mit den Appenzellern wieder ausgesöhnt wurde, so kam nun der Abt und das Convent bey dasigen Bürgern in eine solche Ungunst, daß sie, das Kloster verliessen und ihren Aufenthalt in Weil nahmen. Der Herzog von Oesterreich nahm darauf des Abts Parthey 1405. gegen die Appenzeller an, die hingegen den Graf Rudolph von Werdenberg nach seinem Anbieten, zu ihrem Anführer wählten, der daben die Vorsicht brauchte, sich nach ihrer schlechten Landesart zu kleiden, damit er nicht in Gefahr lauffe von den Appenzellern selbst aus Versehen getödtet zu werden. Der Herzog von Oesterreich theilte sein Heer bey dem sich verschiedene Fürsten und Städte des Reichs befanden in 2. Hauffen, davon er den einten vor

die

die Stadt St. Gallen führte und deren Vorstädte verbrennen ließ; in der Stadt selbst lagen 400. Appenzeller zu ihrer Beschüzung. Der andere Hauffe sollte aus dem Rheinthal das Appenzellerland überziehen; sie wurden aber in der Schlacht am Stoß von Männern und zum theil auch durch die Herzhaftigkeit und List der Weiber so gänzlich besieget, daß viele vornehme Edelleute ihr Leben dabey verlohren und ein grosses Gut erbeutet wurde; man baute wegen dieses Sieges eine Cappelle, und beschloß alljährlich eine Kreuzfahrt dahin zu thun. Ein Appenzeller Namens Rotach that hiebey Wunder der Tapferkeit, wehrte sich allein gegen 12. Oesterreicher mit einem römischen Heldenmuth; von denen er fünfe erlegte, den andern sich aber nicht ergeben, sondern an der Ecke einer Viehhütte sich so lange wehren wollte, biß seine Feinde solche mit Feuer ansteckten, da er dann endlich von der Hize und dem Dampf des Feuers erstickt wurde. Die St. Galler verfolgten den Herzog von Oesterreich biß nach Arbon.

Die Oesterreicher verlohren endlich ihren Muth gegen die Appenzeller, und überliessen das Thurgäu der Rache der letztern, die sich mit der Stadt St. Gallen auf 9. Jahr verbanden; sie fielen darauf jenseits des Rheins in die Grafschaft Montfort und das bregenzische Gebiethe; wie sie sich dann den ganzen Bregenzerwald unterwürffig machten; auch die Schlösser zu Hohenembs plünderten; darauf die Stadt Weil einnahmen, den Abt von dannen ins Kloster gefangen führten, der sich ihnen unterwarf und mit ihnen 1407. aussöhnte. Nun war aber der Friede mit dem Herzog von Oesterreich und dem Bischoff von Costanz noch nicht geschlossen; die Appenzeller und St. Galler sezten dahero ihre siegreiche Waffen weiter fort, fielen gemeinschaftlich in das Thurgäu, verbrannten und zerstöhrten die meiste Schlösser und trieben den Adel aus dem Lande. Sie zogen darauf vor die Stadt Costanz, die eine Besatzung von 400. Mann zu ihrer Beschützung eingenommen hatte, für welcher sie 3. Tag lagen, die Burger wollten aber lieber die Stadt von innen beschüzen, als sich mit ihren Feinden in offenem Felde herumschlagen. Der Bischoff suchte sie zwar darauf mit seinen geistlichen Waffen zu bekriegen, allein ohngeachtet des Aberglaubens dieser Zeiten spotteten sie derselben nur; und schickten die Geistliche ins Elend, die ihnen den Gottesdienst nicht verrichten wollten.

Der Feldzug schien für das Jahr 1407. bereits geendiget zu seyn, als die Appenzeller vernahmen, wie die Stadt Bregenz die benachbahrte in Dorrenbirren und in Bregenzerwald ohne Unterlaß beschädigte; sie kehrten dahero ohngeachtet der Winter schon eingebrochen und eine grimmige Kälte eingefallen war, den 8. Christmonat mit zwar wenigem Volk aber vielem Geschüz vor Bregenz, belagerten es, eroberten die Clus und besezten solche mit einer guten Wache. Sie lagen biß in die Mitte des Jenners davor, und sezten derselben wie auch der Stadt solchermassermassen zu, daß sie solche villeicht einbekommen hätten, wo nicht der Commandant derselben Graf von Montfort die schwäbische Ritterschaft

um

um ihre schleunige Hilfe angeflehet hätte; die auch durch die weitere Bewerbungen bey denen schwäbischen Fürsten und Grafen ein Kriegsheer von 8000. Mann Reuter und Fußvolk zusammen brachten, von denen dann die Appenzeller und St. Galler durch Verrätherey einer Weibsperson bey einem dicken Nebel so schnell den 13ten Jenner überfallen wurden, daß sie endlich nach einer tapfern Gegenwehr die Flucht ergreiffen, und sich über den Rhein zurückziehen mußten. Die Appenzeller konnten diesen Zufall nicht verschmerzen, sondern sie fielen darauf durch die vorhin eroberte Landschaften jenseits des Sees als den Bregenzerwald das Allgow die Grafschaft Feldkirch an; das Montafun sowohl als das Innthal und Etschland giengen dadurch verlohren. Doch wurden sie endlich 1408. am Mittwoche vor dem Palmsonntage durch den Kaiser Rupprecht mit dem Herzog von Oesterreich und dem Bischoffe von Costanz verglichen. Aber die Streitigkeiten zwischen dem Abt und den Appenzellern blieben noch unentschieden; dahero die Appenzeller bey ihrer erhaltenen Freyheit zu leben und zu sterben sich entschlossen.

Da im Jahr 1410. der mit Oesterreich zwischen den Appenzellern geschlossene Waffenstillstand zu Ende gieng und sie vernahmen, daß der Herzog wieder sie anrücken würde, rüsteten sie sich ebenfalls zum Krieg, verlohren aber in solchem das Rheinthal, welches damahls gänzlich verheeret wurde; doch blieben die Appenzeller hinnach von den Oesterreichern weiter unangefochten.

1411. verschied endlich der unruhige Abt Conrad von St. Gallen aus dieser Zeitlichkeit, nachdem er die Abtey 32. Jahr besessen hatte. Die mit den Appenzellern geführte Kriege solle ihn mehr dann 100000. Gulden gekostet, und so dörftig gemacht haben, daß er viele Herrschaften und Güter des Klosters versetzen mußte.

Im Jahr 1414. wurde endlich die in der Geschichte so berühmte Kirchenversammlung zu Costanz gehalten, deren vornehmste Handlungen in der Absezung der damaligen 3. Päbsten und Erwählung Martins des 5ten, Verbrennung Johann Hussens und Hieroynmi von Prag, wegen standhafter Behauptung ihrer Lehrsäze, und der Befestigung der sogenannten Communion sub utraque, bestand. Dieses Concilium hinterließ aber der Stadt bekanntermassen keinen zeitlichen Seegen, weil die vorhin hier geblühte Leinwandhandlung, (deren Andenken in diesem Gewerbe noch durch die in demselben bekannte Tele Costanze erhalten wird) sich zu solcher Zeit von dar weg, und nach St. Gallen zog; weil die Kaufleute allda zur Fortsezung ihrer Geschäfte mehr Ruhe und Bequemlichkeit fanden, als ihnen solches Concilium gestattete.

Abt Heinrich von St. Gallen gerieth bereits 1421. mit seinen Appenzellern in neue Streitigkeiten, in dem er sich mit der Huldigung von ihnen nicht begnügen, sondern auch die seit etlichen Jahren ausgestandene Zinse bezahlt haben wollte. Es erfolgte endlich hierauf an dem den 16ten May 1421. zu

Lu-

Lucern gehaltenen Rechtstag ein Vergleich, wodurch die Appenzeller noch mehr dann vorhin in eine Republick vereiniget, und in ihrem Landesregiment bestätiget wurden. Die Ruhe daurte aber nur biß 1425. da der Abt neue Ansprachen an sie machte; und da sie dem Anmahnen der Eydsgenossen den Abt zu befriedigen nicht gehorchten, geriethen sie endlich in den Bann; die Priester wegerten sich dahero ihnen ferner einen Gottesdienst zu halten, darüber viele erstochen und dem Bischoff von Costanz seine Güter angegriffen wurden. Da dieser hierauf die schwäbische Ritterschaft um Hülfe anflehte, rächeten sich die Appenzeller auch an dieser. Diese beherzte Leute wollten kurzumsiegen oder sterben und ihr Land allenfalls zu einem Kirchhof machen. Der Abt tratt endlich die Abtey an Egloff Blarer von Costanz verwaltungsweise ab; die er auch nach seinem Tod wirklich erhielt; die Appenzeller nahmen hierauf den ihnen vergeblich angebottenen Verglich an, und hielten sich biß 1445. ruhig.

Die Jahre 1432, 35 und 37. waren für unsere Gegenden wegen der in derselben eingefallenen ausserordentlichen Kälte wieder höchst fatal; dann im Jahr 1432. erfrohren die Reeben sowohl in der Schweiz als um den ganzen Bodensee; im Jahr 1435. überfrohr der leztern gänzlich, so, daß man von Costanz biß Lindau mit Pferd und Schlitten reuten und fahren konnte; in den Jahren 1437. aber verursachte der fast allgemein in Schwaben erfolgte Hagel eine solche Hungersnoth, daß man das

Korn von Schaffhausen nach Memmingen führte, woraüf die Pest folgte, die eine grosse Menge Volks hinraste; wie dann an derselben allein in Costanz 4000. Menschen gestorben; man kann hieraus die damalige Bevölkerung dieser Stadt beurtheilen; ob sie schon damahls ihren grösten Flor bereits verlohren hatte. Ein Jahr vorhin soll der dasige Bischoff Friederich in einem Synodo seine Klerisey zu reformiren getrachtet haben, welches sie damahls auch in der That so nöthig als jemals hatte. Die Eyfersucht und das hizige Bestreben der Standesgeistlichen dieser Zeiten nach dem Besitz der höchsten Würden läßt sich auch daraus abnehmen, daß sich damahl ihrer drey zu solchem Bistuhm wählen liessen; und man würde kein Ende finden, wann man alle strittige Wahlen, und die hierüber entstandene Zänkereyen ausführlich beschreiben wollte. Ausser obigem Friederich, und dem an seine Stelle erwählten Heinrich lebte noch Bischoff Otto. Heinrich verwaltete das Bistuhm über 26. Jahr, war ein prächtiger Herr, der seiner Kirche viel entwandte. Er hielt seinen Einzug zu Costanz mit 500. Mann; man misset auch ihm und seiner Klerisey einen guten Theil des Unheils dieser Zeiten bey; welches Vertrauen konnten aber die Gemeinden zu solchen Vorstehern und Dienern der Kirche haben, und wie mußte der damalige Lebenswandel auch unter den Weltlichen beschaffen gewesen seyn?

Da 1441. Graf Heinrich von Lupfen Hanß von Rechberg und andere Edelleute den Bundesstädten am Bodensee viele Güter geraubet, thaten sie einen Streiffzug nach Strozburg; da dann die darinn

rinn befindliche Leute nebst der Besazung solches Schloß selbst anzündeten, welches von der Städte Volk eingenommen und endlich gar zerstöhrt wurde. Ein gleiches Schicksal hatten andere Schlösser besonders auch das dem Rechberg zugehörige Schloß Wasserburg am Bodensee, welches sie schleiften.

Als 1455. der damalige Abt Caspar von St. Gallen mit dasiger Stadt in Streit gerieth, der nicht nach Gefallen der Mönche ausschlug, verklagten sie ihn bey ihrem Ordensgeneralen wegen seiner Nachlässigkeit; worauf der Abt es so weit brachte, daß die Sache nach Rom kam, welcher Hof den Aeneam Sylvium vor seiner Erhebung zum päbstlichen Stuhl zum Mitler in derselben ernannte, worauf im Namen des Klosters Ulrich Rösch, eines Beckers von Wangen Sohn im Allgöw zu Rom erschien. Der Abt mußte sich auf seinen Ausspruch aller Verwaltung gegen einer gewissen Pension entschlagen, und sie dem Rösch überlassen.

Nach seinem 1464. erfolgten Tod fieng der bißherige Verwalter der Abtey, die er nun selbst erhielt, mit den Appenzellern einen neuen Streit an; zu dessen Beylegung er einen Tausch gegen das Rheinthal vorschlug; man wurde aber nicht einig; inzwischen wurden jene von dem Kaiser durch einen besondern Gnadenbrief von allen frembden Gerichten befreyet mit dem Beyfügen: wann jemand künftighin etwas an das Land Appenzell zu suchen habe, soll er das Recht vor Burgermeister und Rath der Städte Costanz, Lindau, Ueberlingen oder St. Gallen, welchen Ort die Appenzeller selbst vorschlagen würden, nehmen. Wann es aber besondere Personen be-

 träffe,

träffe, solle man sie vor Landammann und Rath im Land Appenzell selbst suchen.

Da auch ehehin die Hochgerichte im Land der Landgrafschaft Thurgäu, und in den spätern Zeiten einem jeweiligen Reichsvogt des Gotteshauses von des römischen Reichs wegen zugehörten, so erhielten die Appenzeller zu gleicher Zeit 1466. eine immer währende kaiserl. Freyheit, hinführo selbst über das Blut zu richten, dahero 1466. das Hochgericht zu Appenzell aufgerichtet, und 2. Jahr hernach solche Freiheit durch den Grafen von Sulz, Hofrichtern zu Rothweil denen Appenzern bestätiget wurde. Indessen kam der Streit wegen dem Rheinthal wieder in neue Bewegung; und da der Abt solches auf keine Weise erlangen konnte, nahm er einen andern Weg. Er schlug nemlich alle seine im Land Appenzell habende Rechte und Gefälle um eine gewisse Summe an, da er dann 19787 fl. herausbrachte, so er gegen das Rheinthal vertauschen wollte, mit Vorbehalt dessen so sein Kloster, der Spital und die Kirchen und Kappellen des Gotteshauses zu fordern hätten, wie auch die Wälder in Steinegg und Wartau. Es kam endlich nach vielen Unterhandlungen und Bemühungen eine neue eidsgenössische Tagsatzung zu Lucern zu stande, wo nach Anhörung beyder Partheyen endlich ein Verglich genehmiget und errichtet wurde, und zwar Freytags nach aller Heiligen 1467. der auch durch zwey Abgesandte von Lucern und Schweiz nach Appenzell auf die daselbst versammelte Landsgemeind schriftlich und mündlich überbracht, auch von derselben bestätiget wurde,

ver-

vermög demselben wurden die Landleute im Rheinthal dahin angewiesen, dem Abt auf seine im Rheinthal habende Rechte, wie auch den Appenzellern auf ihre Gerechtigkeiten, so sie wegen der Vogtey haben zu schwören, und die Lehen zu empfangen u. s. w. und da selbe auch die übrige Punkte des Vergleichs erfüllten, so gewann dieser Streit hiedurch ein erwünschtes Ende.

1473. war der in der Geschichte bekandte heisse Sommer; da man im Mayen bereits reiffe Kirschen und Gersten, und im Brachmonat die damahlige reiche Ernde vorgenommen hatte; zu dessen Ende fand man bereits zeitige Trauben; wie dann die Weinlese schon vor Bartholomä ihren Anfang nahm. Viele Wälder brannten vor übermässiger Hitze mit einer solchen Wuth, daß man sie nicht löschen konnte; die meiste Flüsse und Bronnen vertrockneten, dahero entstund ein nie erlebter Wassermangel. Der Wein war zwar gut, daurte aber nicht lange, dahero er hernach so unwerth wurde, daß man ein Fuder desselben in Rorschach um 2. Pfund Pfenning, und eine Maaß um einen Heller haben konnte. Im Herbst blüheten die Bäume auf das neue, und um Martini hatte man wieder frische Kirschen; indessen wechselten in diesen rohen Zeiten Theurung, Hunger und Pest immer mit einander ab, da dann jene insgemein (weil man nicht die erforderliche Anstalten dagegen vorkehrte) aus der letztern folgten, weil sie zuweilen eine solche Menge Volks hinrafte, daß in manchen Jahren die meiste Aecker ungebauet bleiben mußten, doch hatte man

zu-

zuweilen auch gute Jahrgänge, wie 1484. die eine solche Wohlfeile im Getreyde hervorbrachte, daß man bey dem damahligen Geldmangel die Aecker bey nahe umsonst haben konnte; wie dann zu solcher Zeit 7. Jauchert derselben für 57 fl. in Memmingen verkauft worden.

1488. kam der schwäbische Bund zustande; welcher Anfangs sich nur auf die Vereingung der Stände in Schwaben erstrecken sollte; vielleicht wäre es ein Glück für sie gewesen, wenn man ihn nicht weiter ausgedehnt hätte; da man aber noch mehrere mächtige Fürsten des Reichs dazu einlud, wurden die benachbahrte Eidsgenossen darüber ärgwöhnisch, die schwäbische Stände aber selbst durch solche Vermehrung vermuthlich übermüthig; und es ist sehr wahrscheinlich, daß dieser Bund hinnach eine Hauptursache, des darauf erfolgten leidigen Schwabenkriegs war. Die erste Hauptabsicht desselben war löblich; indem er nur zur Herstellung eines allgemeinen Friedens wieder den Ehrgeitz des grossen und die Raubereyen des kleinen Adels dienen sollte; es wurden auch durch die Mitglieder dieses entstandenen Bundes über 140. dieser ritterlichen Raubnester nur allein in Schwaben zerstöhrt. Zu Friedenszeiten hielt dieser Bund gemeiniglich zehen tausend Mann im Solde, noch mehr aber in Kriegszeiten. Der ganze Bundeskreis war in 4. Quartier für den Adel unter dem Nahmen der St. Georgen Gesellschaft abgetheilt; und ein fünftes für die Reichsstädte; welches davon unterschieden war. Die 4. Quartier des Adels waren 1. im Hegäu, 2. am Kocher,

Kocher, 3. am Neccar und im Schwarzwald, 4. an der Donau. Die Ursache, warum dieser Bund auch von dem gemeinen Mann in der Eydsgenossenschaft mit Haß angesehen wurde, war, weil die Cantone die dazu eingeladen waren, solchen, als ihnen zu weitläuffig verwarffen, indem sie mit Erhaltung ihres eigenen Bundes genug zu thun hätten, wodurch der Haß der Eidsgenossen und der Schwaben immer mehr zunahm.

1489. entstund zwischen Abt Ulrich und der Stadt St. Gallen eine neue Streitigkeit, weil die letztere jenem die Erweiterung seines Klosters abschlug; dahero er zu Rorschach am See ein neues Kloster bauen wollte, so er nach seinem Belieben auf und zuschliessen könnte; an welchem Streit die Appenzeller auch einen Antheil nahmen, der aber bald verglichen wurde. Die Stadt St. Gallen gerieth darauf in eine desto grössere Noth, und wurde endlich gezwungen an den Abt 4000 fl. zu bezahlen; wie sie dann dieser Streit über 100000. Gulden solle gekostet haben; der Abt ließ darauf das in aller Eil abgebrannte Kloster zu Rorschach wieder schöner aufbauen; der Verglich kam 1490. den 7. May zu stande; wodurch die Eidsgenossen das Rheinthal von den Appenzellern erlangten, die noch über dem ebenfalls 4000 fl. Straffe erlegen mußten, die jedoch 9. Jahr hinnach die Mitregierung daran erhielten.

An Abt Ulrichs Stelle gelangte Gotthard Giel von Gattburg, ein verschwenderischer Herr,

der

der im schwäbischen Krieg für einen Feind des Vaterlandes erklärt, und dahero in das Sundgäu verwiesen wurde zur Abtey, doch sollen zwey desselben Brüder auf Seiten der Eidgenossen geblieben seyn, mithin für sie das Leben verlohren haben.

Nach dem Tode des Bischofs Otto von Costanz erhielt der Domprobst Perlauer aus Zili in Ungarn K. Friederichs Canzler nach einer strittigen Wahl durch einen Vergleich das Bistuhm. Weil aber dasselbe sehr mit Schulden beladen war, nahm er es erst vier Wochen und 3. Tag nach der Wahl an; er verhielt sich gegen die Stadt Costanz wegen Bestättigung ihrer Freyheiten sehr schwierig, dahero sich diese dem Schuz der Eydsgenossen empfohl. Sein Geiz war so groß, daß er sich seinen Bart und seine Haare selbst beschnitt. Er reisete selbst nach Rom, und erhielt die päbstliche Bewilligung um das erarmte und versetzte Bistuhm zu lösen, von allen Prälaten und Priestern desselben den 5ten Theil ihrer jährlichen Einkünfte zu beziehen; nahm auch den Schein an, als wenn er eine bessere Zucht unter der Klerisey einführen wollte, die ihm die Eydsgenossen, und daß er dabey unpartheyisch verfahren möchte, als höchst nöthig sehr empfohlen; da sie sonst die schuldige selbst bestraffen würden. In dessen erklärte sich die Priesterschaft auf einem von ihr angelegten Synodo gegen die von derselben verlangte Steur, und appellirte dieser wegen an ein allgemein Concilium. Der schwäbische Bund und der Graf von Würtemberg aber beredeten ihre Clerisey ihm den 20ten Pfenning zureichen;

chen; der eydsgenossischen Priesterschaft wurde dergleichen Vorschlag gethan, den sie aber nicht annahm. Einige sollen gesagt haben: wann dem Bischoff von Costanz seine Prälatur und Pfund zu klein wäre, so wollten sie mit ihm tauschen. Nach etlichen Tagleistungen wurde zu Baden beschlossen: daß man zwar die Schazung von den Priestern wolle beziehen lassen, daß aber das Geld biß zu gänzlichem Austrag der Sache hinter gemeine Eydsgenossen niedergelegt werden solle. Endlich wurde durch den Abt von St. Gallen und einige eydsgenossische Gesandte durch einen Verglich erläutert, wie der Bischoff in vorkommenden Fällen sich gegen seine Priesterschaft zu verhalten habe. Er bewarb sich darauf um ein Bündnis mit den Eydsgenossen, die ihm doch nicht anderst zugesagt wurde; er verpflichtete sich dann zu den aufgerichteten Articuln: da dann solcher Bündnis beygefügt wurde: wie Sr. Fürstl. Gnaden geist- und weltliche Persohnen in der Eydsgenossenschaft bleiben lassen solle, wie sie von seinen Vorfahren den Bischoffen gehalten worden seyen.

Da man alle bißherige öfters versuchte Mittel und Maasreglen zur Wiederherstellung einer allgemeinen Ruhe und einer gehörigen Justizpflege vergeblich angewandt, schritt man endlich zulezt unter der Regierung K. Maximilians des ersten (der 1493. den vätterlichen Thron bestiegen) zu einem solchen Hülfsmittel, an welches vorhin niemand dachte, welches aber die Schwäche der Regierungen dieser Zeiten deutlich zu erkennen und zu einer beträchtlichen Revolution anlaß gab.

Die-

Diese bestund darinn: Daß die Städte und der bessere und friedlich gesinnte Theil des Adels in Ermangslung eines höhern und kräftigern Schuzes auf ihre gemeinschaftliche Beschüzung ihren Bedacht nahmen, und zu dem Ende Vereinigungen unter sich errichteten, sich verpflichteten den öffentlichen Landfrieden für sich selbst zu behaupten, und gegen die Stöhrer desselben feindlich zu verfahren.

Dieses bahnte endlich auch wirklich den Weg zur Errichtung eines bishero noch nicht erfogten allgemeinen Friedens, der 1495. zu stande kam, und zu einer ordentlichen Regierung und Justizpflege auch Errichtung des Kammergerichts durch Abschaffung des Rechts aller Privatkriege den Grund legte; als wodurch hinnach auch die Begriffe der Menschen in Absicht der Verhältnis zwischen Regierung und Unterthanen mehr erhellet wurden. Dieses hatte man auch den höhern Ständen zum theil mit zu danken, die endlich der bißherigen Unordnungen, die aus den beständigen Befehdungen und Plackereyen entstunden, selbst müde waren; von dieser Zeit an hat die ordentliche Justizpflege immer fortgedauret, vermöge welcher niemand mehr sich eigenmächtig selbst Recht zuschaffen befugt ist, sondern wo jemand einer Beleidigung, Beschädigung, Schuld oder andere Ursache halber wieder einen andern zu klagen gegründete Ursache hat, so muß er dißfalls sein Recht bey der Justiz suchen, durch welche Einrichtung dann endlich die allgemeine Sicherheit in der bürgerlichen Gesellschaft wieder hergestellt wurde.

In-

Inzwischen entsponn sich dieser Enden nach dem die Privatkriege aufgehoben worden, ein Kriegsfeuer zwischen den höhern Ständen; (der erfolgte allgemeine Friede erstreckte sich mithin nur auf die geringere Ständen und Privatpersonen) wozu der vorhin errichtete schwäbische Bund Anlaß gab; wegen welchem sowohl die Eydsgenossen als die Schwaben schon eine zeithero den Ausbruch eines Krieges besorgten. Die Stadt Costanz wurde dahero zweifelhaft, welcher Parthey sie beytretten sollte. Der Einfall einer unordentlichen Rotte aus den Cantonen Uri, Unterwalden, und Zug ins Thurgäu, die den Costanzern eine Brandschazung auflegten, vermochten diese endlich nebst andern Bewegursachen obigen Bund anzunehmen. Nachdem auch endlich die Feindschaft der Eydsgenossen und Schwaben durch mehrere Anlässe den höchsten Grad erreicht, so verband die Aehnlichkeit der Anliegenheiten die Eydsgenossen mit den Bündnern, und die Tiroler mit den Schwaben. Diese Vereinigung veranlaßte die kaiserliche Besazung zu Costanz eine Kriegsverfassung allda zu errichten; in dem man muthmassen konnte, daß der ganze Landesstrich zwischen Bündten und Tirol der Länge nach nebst dem ganzen Ufer des Rheins von Meyenfeld biß nach Basel zum Schauplaz des Krieges dienen könnte. Gleichwohl hielt man noch vor Ausbruch desselben eine Zusammenkunft in Feldkirch vor rathsam; allein die Abgeordnete der Eydsgenossen wurden daselbst noch mehr erbittert, mithin der Krieg mit desto grösserer Heftigkeit angefangen. Es geschah jedoch nach der Art dieser Zeiten meistens durch Streifzüge, Raub und

 Mord.

Mord. Gleich zu oberst in Bünden stunden dem Rhein nach Partheyen, die oft zehentausend und mehr Mann stark waren. Die Schwaben ergriffen alle Gelegenheiten über den Bodensee und Rhein einzubrechen, zu sengen, und zu brennen. Dagegen die Schweizer sie feindlich empfiengen, sie aus ihren Landschaften zurücktrieben, ihnen den Raub wieder abjagten, und die gleiche Einfälle in das Tirol und Schwaben eben so grausam erwiederten. Einer der grösten Beweggründen der Eydsgenossen gegen die Schwaben, war die stets pöbelhafte schimpfliche Benennung der Einwohner der Alpen; zu einem überzeugenden Beweis der noch grossen Barbarey dieses Zeitalters. Es war nicht allein ungesitteter als das Unsrige, sondern der Unglaube in demselben fast allgemeiner, so sehr man auch in unsern Zeiten und zwar nicht ohne Grund über denselben klaget.

Daneben beschuldiget man unsere Schwaben auch grosser kriegischer Prahlereyen; ohne Zweifel machte sie die Hoheit des Monarchen dem sie beystunden, übermüthig, die gleichwohl nur die Rachbegierde der Feinde vermehrte.

Die österreichische Kriegsvölker wurden in diesem Kriege am ersten Landsknechte genannt; es daurte zwar derselbe nicht lange. Es wurden aber in demselben nicht weniger dann 8. Schlachten, binnen 10. Monaten gehalten. Die erste 1499. den 7ten Hornung bey St. Lucisteig, wohin die Oesterreicher eine Besazung gelegt hatten, welche von dannen

mit

mit einem Verlust von 4000. Mann auf Gutenberg getrieben wurden. Den 8ten darauf drangen die Vorhauffen von Zürich und Zug in Gegenwart der Feinde durch eine Furt bey dem Dorff Triesen über den Rhein und jagten die Flüchtige dem andern Hauffen bey Gutenberg zu, der sie so übel empfieng, daß die Oesterreicher hier abermals 300. Todte auf der Wahlstadt liessen. Da die am Rhein gelegene schweizerische Städte öftere Beschimpfungen und Bedrohungen von dem hegauischen Adel erdulden mußten, bemeisterte sich ein kleines Kriegsheer von 12. tausend Mann ihres Landes, in welchem bey 20. Schlösser und Dörffer in die Asche gelegt wurden. Am betrübtesten war hiebey das Schicksaal des Landvolks da die Weiber und Kinder damahl genöthiget wurden, vor der Wuth des Krieges ihre Zuflucht in den beschneyten Wäldern zu suchen.

Ein anders Treffen gieng den 20. Hornung zu Hard vor; die Eydsgenossen hatten dazumahl oben im Lande ein Kriegsheer von achttausend Mann, von daraus sie bey Rheineck einen Streiffzug in die feindliche Landschaften thun wollten; hingegen versammelten sich die Kaiserlichen 10000. Mann stark bey Hard am Bodensee; wo ein so blutiges Treffen erfolgte, daß die Kaiserlichen bald die Flucht ergriffen. Sie hatten anfänglich zu ihrer Beschüzung einen grossen Graben aufgeworffen, der aber hinnach zu ihrem eigenen Nachtheil gereichte, in dem in solchem allein bey 500. Mann ertranken. Das gleiche Schicksal hatten ihrer viele

 in

in dem Bodensee; andere begaben sich in die Schiffe, weil sie aber mit Volk zu stark angefüllt waren, versanken beyde zugleich; 500. Mann hatten sich in die Rohr am See versteckt, die am Morgen von den benachbahrten Lindauern halb erstarret abgeholt wurden. Der Zulauff war so groß, daß alle streitbahre Männer zu Bregenz sich davon gemacht, und nur ihre Weiber und Kinder zurück gelassen hatten, so daß die siegende Eydsgenossen diese verlassene Stadt im ersten Schröcken leicht würden einbekommen haben, wann sie durch die einfallende dunkle Nacht nicht daran wären verhindert worden. Der Verlust des kaiserlich und schwäbischen Kriegsheers wird sehr ungleich angegeben, und von einigen auf 5000. Mann geschäzt; ob aber die Eydsgenossen nach einiger Vorgeben nicht einen einzigen Mann dabey eingebüßt, sondern nur viel Verwundete bekommen, muß man dahin gestellt seyn lassen.

Da diese für die Freyheit ihres Vatterlandes und für ihre Weiber und Kinder fochten, so geschah es mit einem Muthe der in den alten Zeiten nur allein unabhängigen Völkern eigen war. Hingegen waren die Kaiserlichen ein zusammen gelesenes in Sitten und Sprache ungleiches Volk, das gutentheils und zwar in verschiedenen Absichten um den Sold focht; es kam folglich den Eydsgenossen, weder in Einigkeit, Erfahrung noch Tapferkeit bey.

Die Schwaben waren besonders über diesen Krieg selbst mißvergnügt, theils wegen der grossen Uneinigkeit, die unter ihnen herrschte, theils wegen

der

der schlechten Verpflegung und dem grossen Mangel an Lebensmittel, den sie bey der steten Dürftigkeit dieses Kaisers immer vor sich sahen; dabey mochte auch selbst der gemeine Mann zuweilen wohl einsehen, daß er mehr zum Vortheil des Kaisers als zum Besten seines Vatterlandes die Waffen führte, ja, daß das letzte statt einiger Vortheile nichts als die leidigste Kriegsdrangsalen zu erwarten hätte; man darff sich dahero nicht wundern, daß dieser Krieg von der schwäbischen Parthey mit so vieler Feigherzigkeit geführt wurde. Nach der Schlacht bey Hard zogen die Eydsgenossen aus diesen Gegenden nicht nur wieder weg, sondern die meiste Cantone liessen ihre Völker wieder heimkehren.

Die hin und wieder in den Besazungen gelegene Völker führten den Krieg durch die stete Scharmüzel mit ihren Feinden immer fort, ob schon keine Kriegsheere im Felde stunden; besonders sollen die Eydsgenossen im Bruderholz bey Basel 600. Feinde nebst einem Grafen von Thierstein und vielem Adel erlegt, sie selbst aber bey solchem Gefecht nur einen einzigen Mann verlohren haben.

Die Wallgöwer an dem obern Rhein hatten sich der schwäbischen Parthey unterworffen, weil die Eydsgenossen sie bey ihrer Entfernung nicht in ihrem Gehorsam zu halten vermochten. Sie schlugen sich darauf zu den Etschländern und warffen eine Landwehre zwischen der Ill und dem Lanzengasterberg auf. Es fiel darauf eine starke Parthey in die Herrschaften des Freyherrn von Sax und das St.

 galli-

gallische Gebieth, die sie verwüsteten. Man ließ dahero in den nächst gelegenen Cantonen und Landschaften den Landssturm ergehen, da dann 8tausend Mann den Feinden biß auf Vaduz entgegen kamen und die kaiserl. Besazung aus dem Schloß Guttenberg vertrieben.

Zu gleicher Zeit griff ein anderer kaiserlicher Hauffe aus der Reichenau und Costanz die eydsgenossische Besazung den 18ten April in Ermatingen an, und hieb sie im ersten Angriff nnd Schröken fast gänzlich nieder, die übrige retteten sich bey dem Passe des sogenannten Schwaderlochs. Die Landleute wurden durch den Landsturm an dem letztern Orte versammelt; da dann die Feinde in ihrer Zerstreuung so schnell überfallen wurden, daß die schwäbische nebst ihren vorhin gemachten Beuten 15. Stück Geschütz und ausser den ertrunkenen auf 1400. Mann verlohren haben sollen; obschon der schwäbische Adel hier eine grosse Tapferkeit solle bezeugt haben. Es erfolgte hierauf die berühmte Schlacht den 20. April zu Frastanz; wo die Kaiserliche und Schwaben mit List und Taferkeit solchermassen angefallen wurden, daß ein grosser Theil ihrer Flüchtigen in den vorbeyströhmenden Fluß die Jll sprang, in welcher 1400. Mann ertrunken, und 3000. tod auf der Waldstadt geblieben seyn. Heinrich Wolleb von Ury opferte sich in dieser Schlacht mit einem römischen Heldenmuth freywillig der gemeinen Sache auf; als der mit 2000. der beherztesten Eydsgenossen den Berg Lanzengast erstiegen hatte. Die Kriegsbeute bestund in 10. Stücken

gro-

groben Geschützes, 500. Doppelhacken, und mehr anderm Kriegsvorrath. Die Wittwen der erschlagenen Männer und Vätter zogen mit ihren Priestern den siegreichen Eydsgenossen entgegen, die sie durch flehentliches Bitten um Gnade biß zu Thränen erweichten; sie legten ihnen darauf eine Brandschazung von 8000. Gulden auf, und zogen wieder nach Hause.

Die Hungersnoth war theils Orten in diesem Krieg so groß, daß der kaiserliche Hauptmann Pirkheimer einst 2. Weiber einen ganzen Hauffen Kinder wie Gänse zur Stillung ihres Hungers auf eine Wiese zur Weyde treiben sehen.

Die Besazung in Costanz beunruhigte die Eydsgenossen immer fort im Schwaderloch mit verstellten Angriffen; diese verheerten hingegen dem hegauischen Adel verschiedene Schlösser. Der Edle von Roseneck erhielt sein Leben durch die inbrünstige Liebe seiner Gemahlin, die ihn durch ein Beding bey der Uebergab dieses Schlosses als ihr vornehmstes Gut auf den Schultern aus demselben trug. Es befanden sich in dem damahls verbannten Schloß Thüngen auch 3. Juden, die wieder die Belagerer desselben die Waffen mitgeführt hatten, und mit ihnen dahero das Leben verliehren sollten; 2. retteten dasselbe durch die Annahme des christlichen Glaubens; der 3te wurde an den Füssen aufgehangen und ob er sich schon gleichmässig zum christlichen Glauben bekannte, so erhielt er dannoch in diesem barbarischen Zeit-

 alter

alter keine andere Gnade, als daß ihm der Kopf also hangend abgeschlagen wurde.

Um Pfingsten überfielen die Tiroler und Etschländer das untere Engadin, in welchem sie raubten, Brandschatzungen eintrieben, und für die letztere Geisel mit sich wegführten; es erfolgte darauf das für sie unglückliche Treffen auf der Malser-Heyde, in welcher sie bey 4000. Mann, die Bündner aber nicht mehr dann deren 300. Mann verlohren haben sollen; inzwischen wurden die unschuldige Geisel zur Rache von den Tirolern hingerichtet. Je gebirgigter die Gegenden waren, desto blutiger und gefährlicher waren die Kriege. Bey dem ohnehin geringen Vorrath an Lebensmitteln solcher Orten blieben Pest und Hungersnoth nicht aus, und die übrige Einwohner verlohren ihr Leben in den anhaltenden Treffen und Streifzügen.

K. Maximilian wollte endlich noch einen Versuch gegen die Eydsgenossen mit denen ihm noch ergebnen Völkern wagen. Er ließ zu dem Ende zu Lindau eine Anzahl Schiffe ausrüsten. Da die schweizerische Völker hievon keine Nachricht hatten, oder solche Unternehmung mit verächtlichen Augen ansahen, gewannen die Kaiserlichen Zeit an dem helvetischen Ufer des Bodensees nicht nur zu landen, sondern sich zwischen Rorschach und Stad in Ordnung zu stellen, woselbst eine kleine Anzahl Eydsgenossen von ihnen in die Flucht getrieben wurde. Nachdem der Flecken Rorschach in die Asche gelegt worden, entschlossen sich die Hauptleute zum Abzug,

der

der aber mit so vieler Unordnung erfolgt, daß einige kleine mit Soldaten angefüllte Schiffe zu grunde sanken. Die übrige Fahrzeuge entfernten die lindauische Schiffleute von dem Ufer, da dann die zurückgebliebene Soldaten sich gezwungen sahen, um solche zu erreichen, biß an selbe durch das Wasser zu watten, und sie konnten sich glück wünschen, daß die Eydsgenossen entweder aus Schwäche oder aus Schröcken in den sie durch diesen Ueberfall gesezt wurden, sich die Unordnung der Kaiserlichen nicht zu Nutze machten.

Der Kaiser suchte nun die Schweizer an drey Seiten zugleich anzugreiffen; auf einer derselben sollte der Graf Heinrich von Fürstenberg mit 15000. Mann vor Basel rücken; dieses Kriegsheer schlug sein Lager vor dem Schlosse Dornach auf; es wurde aber dieser Anschlag durch die Unvorsichtigkeit des Anführers solchermassen vereitelt, daß der Kaiser abermahl bey 3000. die Eydsgenossen aber kaum 300. Mann dabey sollen verlohren haben.

Von einer andern Seite sollten die Kaiserliche bey Feldkirch über den Rhein ziehen, und daselbst in das Thurgäu fallen; ein anderes Kriegsheer aber von Costanz aus in das Schwaderloch; die zwey lezte Anschläge aber sollen den Eydsgenossen verrathen, und dadurch ebenfalls vereitelt worden seyn, und zwar nach dem Bericht Junker Eschers in Beschreibung des Zürichsees von Hanß von Lauffen einem Priester von Zürich gebürtig; dieser zog mit Herren Hanß Gradler gen Gräz, und kam

 um

um diese Zeit zu einem schwäbischen Hauptmann dem er als Caplan gedienet, gen Costanz; dieser hatte nun seine Sprache und Kleidung solchermassen verändert, daß man ihn für keinen Eydsgenossen erkannte, dahero die kaiserliche und schwäbische Hauptleute alles frey und offentlich vor ihm herausredeten, was sie für Anschläge wieder die Eydsgenossen vor hätten. Da er nun alles genugsam vernommen, machte er sich von Costanz weg, lieff bey Nacht nacher Zell, und von dar gen Stein, wo er denen Zürichern alle Anschläge des schwäbischen Bundes entdeckte; nun ist sich eben nicht zu wundern, daß die Kaiserliche ausser schon gemelten Ursachen überall so unglücklich in diesem Kriege waren; dann es ist schwer zu vermuthen, daß ihre Anschläge nur dieses mahl seyen verrathen worden.

Man nahm nun endlich die mehrmahls vergeblich versuchte Friedenstractaten wieder vor, bey denen die Eydsgenossen ihre Ansprache auf die Wiedergabe des Landgerichts im Thurgäu einschränkten; mit dem Vorbehalt, daß die Zwistigkeiten der Bündner mit Oesterreich, durch vertraute Schiedrichter sollten beygelegt werden; auf diesen Fuß kam dann auch durch Vermittelung des mailändischen Abgesandten zwischen dem Kaiser und dem schwäbischen Bund einerseits und den Eydsgenossen andererseits auf St. Morizen Tag 1499. der Friede zustande.

1540. War wieder ein so heisser Sommer, daß das Wasser in demselben theurer als der Wein wur-

wurde; die Wälder geriethen wieder solchermassen in Brand, daß man sie nicht löschen konnte; fast alle Flüsse und Bäche vertrockneten, und das Wasser wurde theils Orten im Thurgäu und Rheinthal so rar, daß man die Maas desselben um 4. Pfenning bezahlen mußte, und hingegen der gute Wein nur 3. Pfenninge kostete. 1548. hatte die Stadt Costanz das Unglück, weil sie sich zur Annahme des sogenannten Interims nicht bequemen wollte, ihre Reichsfreyheit zu verliehren; in dem sie durch die Gewalt der Waffen genöthiget wurde, sich dem Haus Oesterreich zu unterwerffen.

Daß unser See mehrmahlen überfrohren, dessen ist schon oben gedacht worden. 1572. hatte man besonders wieder einen der härtesten Winter, in dem der See mit Anfang des folgenden Jahrs solchermassen überfrohr, daß den 3ten Jenner viele Leute von Bregenz auf dem Eis nach Lindau auf den Markt giengen; obschon der See abwarts noch nicht überfrohren war, dieses erfolgte erst bey zunehmender Kälte den ersten Hornung, so daß man von Rommishorn gen Buchhorn wie auch von Costanz aus den nächsten Weg über das Eiß gieng. Die Bregenzer tanzten an der alten Faßnacht darauf, brannten Funken auf demselben, und sprangen in Reihen herum. Mann und Weib giengen von Bregenz in weissen Kleidern vermumter ins Kloster hinab; verirrten sich aber bey der Rückkehr bey einem eingefallenen Nebel so sehr, daß sie bey nahe biß an die Pallisaden auf dem Eis vor Lindau kamen; sie hatten Trommeln,

Pfeif-

Pfeiffen, und 2. Fahnen bey sich; da sie ihren Irrthum wahrnahmen, kehrten sie wieder zurück. Zu dieser Zeit ritte einer von Bregenz biß nach Ueberlingen. Den 23ten Hornung fiengen die Schiffleute und Fischer von Fußach an, das Eis durch den See nach Lindau wieder aufzuhauen, mit welcher Arbeit sie 3½. Tag zubrachten, biß sie damit gen Lindau an dasiges Insulhorn gelangten. Sie fuhren darauf bey einem Ostwind mit aufgespanntem Seegel in selbiger Straß wieder heim; ihr gehabte Mühe war aber vergeblich; dann es gefrohr gleich in der folgenden Nacht der aufgehauene See wieder zu, und zwar so stark, daß man gleich den folgenden Tag wieder darüber gehen konnte. Viele Leute wurden bey der damahligen strengen Winterskälte von den Wölfen zerrissen, oder sonst tod gefunden. Manche ernährten sich bey der hinnach eingerissenen Theurung mit dem Gras auf dem Feld, von denen man mehrere tod fand, die dessen noch im Munde hatten.

Daß auch die leidige Pest an den öftern Theurungen und Hungersnöthen in diesen meist unglücklichen Zeiten Schuld gehabt, ist schon oben gedacht worden; wir wollen derjenigen gedenken, die noch um den Anfang des 17ten Seculi nemlich 1611. besonders in der Eydgenossenschaft, so grausam gewüthet, daß man oft nur in der Eydgenossenschaft, in einem halben Tag 40 biß 50. starke Mann- und Weibspersonen auf den Kirchhöfen zusammen in grosse Gruben schichtenweise geworffen. Die Leute flüchteten

teten auf hohe Berge, und die in den Thälern begaben sich zu oberst in die Häuser unter das Dach. Im Thurgäu starben 33584. Persohnen daran, und ganze Dörffer wurden von den Einwohnern gänzlich entblösset; dahero lagen die schönste Güter im Thurgöw, Toggenburg, Rheinthal u. s. w. ganz ungebaut; hiezu kam noch wegen geschlossenem Fruchtpaß eine so grosse Theurung, daß viele Arme hunger sterben mußten; in Schwaben war zwar auch diesesmahl die gleiche Noth, doch nicht in so hohen Grade.

Bald darauf folgte wegen dem Unterschied der Religion der 30jährige Kriegsjammer, womit Teutschland heimgesucht wurde; wiewohl diese Gegenden solchen später als andere empfunden; da es erst 1646. den Schweden gelang die bregenzer Klaus so glücklich zu übersteigen, daß 4000. Bauren die sich ihnen wiedersezten, ihr Leben verlohren; die in der Stadt Bregenz gemachte Beute betrug bey 40. Tonnen Gold, weil die Schwaben ihre Güter gröstentheils hieher als einen sichern Ort geflüchtet. Diese unvermutheten Einnahme der Stadt und des Schlosses Bregenz setzte selbst die benachbahrte Eydsgenossen in eine solche Sorge, daß sowohl der Abt als die Stadt St. Gallen den Landsturm ergehen liessen, und ihr Volk in Waffen stellten. Das Land Appenzell legte insbesondere mit grossen Kosten 800. Mann an die Gränzen, und hernach in das Rheinthal, nach dem aber der schwedische Feldherr versicherte, daß er nichts feindseliges gegen die löbliche Eydsgenossenschaft vorzunehnehmen gedächte, so wurden die Völker nach Hause berufen, und mußte das Land Appenzell den Kosten und Schaden, weil dieser eilfertige Auszug von den übrigen Eydsgenossen für überflüssig gehalten wurde, selbst tragen; die Schweden streiften von Bregenz hinauf biß nach Montfort und Neuburg; deßgleichen auf das österreichische Städtgen Pludenz, welche Oerter sie einbekamen, und gelangten also einerseits über die österreichische Stadt Feldkirch in das Wallgöw; anderseits streiften sie biß an das bey Balzers in der Nähe des Rheins gelegene Schloß Guttenberg. In dem Rückzug aus dieser Gegend nahm der schwedische Feldherr den 1408. den Appenzellern abgenommenen Fahnen von Bregenz mit nach Schweden, er war vorhin aus der Pfarrkirche gestohlen, der Dieb aber ergriffen und enthauptet; der Fahne aber in bessere Verwahrung gebracht, von dannen ihn dann die Schweden als eine Seltsamkeit, mitnahmen. Eine gute Beute mochten sie auch in Hohenembs gefunden haben. Ehe sie Bregenz verliessen, brannten sie nicht nur das Blockhaus ab, sondern schleiften auch die Schanzen vor Bregenz; wie wohl man hinnach den Ort wieder hinlänglich befestigte. Von Bregenz gieng der Rückzug ihres Heers um den Bodensee vor die indemselben nicht weit von dar gelegene Reichsstadt Lindau; die nun ebenfalls durch die Gewalt der Waffen zur Uebergab sollte gezwungen werden.

Der Commandant der Stadt Graf von Wolfegg Freyherr von Waldburg wehrte sich aber

2. Mo-

2. Monat hindurch mit einer solchen Tapferkeit, daß der Feind endlich unverrichteter Dinge nemlich zwischen den 8. und 9ten Merz wieder abziehen mußte.

Die Stadt war aber auch mit Volk und allen Bedürfnissen sowohl versehen, daß man die Belagerung ohne Empfindung eines sonderlichen Mangels um so mehr aushalten konnte, als sie eydsgenössischer Seite öftere nachbahrliche Hülffe zu Wasser aus dem Thurgäu empfieng; wie viel Angst und Schröcken aber man gleichwohl in dieser Belagerung ausgestanden haben müsse, mag nur denen begreiflich seyn, die sich einmahl in gleicher Noth befunden. Ob es nun wohl ein grosses Glück für diese Stadt war, daß sie nicht in Feindes Hände gerathen, ansonst ihr Schicksal wie man leicht erachten kann, ungleich trauriger für sie ausgefallen seyn würde, so erforderten doch die kriegerischen Anstalten zur Gegenwehr, die Anschaffung des Proviants, die vieljährige Unterhaltung des Kriegsvolks u. s. w. einen grösseren Aufwand als man glauben sollte.

Ohne Zweifel streiften die Schweden von Lindau an den See hinab; dann sie nahmen auch damahls die Residenz Alschhausen (dem Landcommenthur gehörig) ein, verhielten sich aber dabey eben nicht rühmlich; dann sie zerstörten und verbrannten dieselbe; eben so schlimm giengen sie mit der bischöflich costanzischen Residenz Mörspurg um; auch mußte

sich

sich das veste Schloß Argen an dem See an sie ergeben.

Von der Zeit des westphälischen Friedensschlusses biß an den Anfang des im Jahr 1688. mit Frankreich ausgebrochenen Krieges blieben diese Gegenden ruhig; und man hätte sich vornehmlich in Schwaben von denen vorhin erlittenen grossen und langwierigen Kriegsdrangsalen wieder leicht erholen können, wann man sich nach solchen eines anhaltenden Friedens zu erfreuen gehabt hätte. Allein da der König in Frankreich in ermeltem Jahr das Reich plözlich mit seinen Waffen anfiel, und darauf Mißwachs nach mehrern fruchtbahren Jahren erfolgte, so entstund auch dieser Enden an beyden Seiten des Sees ein grosses Elend; wie dann besonders der schwäbische Kreis in dem damahligen Krieg wieder auf das äusserste durch Mord, Raub und Brand verheeret wurde. Der Schröcken in unserm Schwaben war so groß, daß sich verschiedene Haushaltungen mit ihren besten Sachen in die Schweiz flüchteten.

Es beschlossen auch die Eydsgenossen, wann die Waldstädte oder die Stadt Costanz sollten angegriffen werden, sie selbe in ihren Schuz nehmen wollten. Sie wurden auch 1689. von Seiten des Reichs erinnert und ersucht, sich von Frankreich abzuziehen, und dem Reich Hülffe zu leisten, insonderheit aber ihre Völker aus denen französischen Diensten zurück zu beruffen, weil sie sich denen Bündnissen zuwieder gegen das römische Reich gebraubrauchen liessen. Da aber die Eydsgenossen diesen nachbahrlichen Ansinnen nicht entsprechen wollten, so wurde ihnen von Seiten des Reichs die Fruchtausfuhr gesperret, und verordnet: daß alle mit Frucht beladene und nach der Schweiz zielende Schiffe auf dem Bodensee weggenommen, und alle nöthige Anstallten getroffen werden sollen, daß ihnen keine fernere Frucht aus dem Reich zukommen möchte. Dieses verursachte besonders in dem Canton Appenzell eine grosse Theurung und Hungersnoth um so mehr, als man diese Fruchtsperr nicht so schnell vermuthet, und sich dahero mit keinem Fruchtvorrath versehen hatte; der Hunger war dahero in besagtem Canton so groß, daß täglich in Innroden 7. biß 800. Arme nach dem Allmosen herum lieffen, und der Jammer würde ohne Zweifel noch grösser geworden seyn, wann der König von Frankreich der Eydsgenossenschaft nicht einige Fruchtausfuhr aus dem Burgund erlaubt hätte.

Inzwischen suchte man sich von Seiten der Eydsgenossenschaft gegen die an denen Gränzen gestandene kaiserlich und königl. französische Kriegsvölker in mehrere Sicherheit zu sezen. Und da auch der König 1690. die eydsgenossische Völker wieder die mit ihm errichtete Capitulationen gebrauchen wollte, auch die Subsidien vorenthielt, die aus dem Reich anhaltende Fruchtsperre aber die Noth in der Schweiz immer vergrösserte, so berieffen die meiste Cantone und besonders Appenzell ihre Völker aus den französischen Diensten nicht allein zurücke, son-

K dern

dern untersagten auch alle fernere Anwerbungen ihren Angehörigen für diese Krone bey ihren Ayden; ja der letztere Canton Ausserroden überließ dem Kaiser so gar eine Compagnie von 170. Mann zur Beschirmung der Waldstädte. Dieses hatte auch die gute Wirkung, daß besagter Canton durch seine Abgeordneten bey dem Kaiser ein Patent zur Ausfuhr von 150. Säcken allein für sich erhielt. Und da hinnach die Fruchtausfuhr für die löbl. Eydsgenossenschaft überhaupt merklich erweitert wurde, so erhielt mehr gemelter Canton Appenzell Ausroden für sich nicht nur noch eine weitere Vermehrung seines erhaltenen Quanti von 50. Säck; also in allem 200. Säck, sondern der kaiserliche Gesandte bewilligte demselben noch 30. Säck wochentlich darüber abzuführen.

Es daurte aber diese vermehrte Ausfuhr nicht lange. Dann der in währendem Krieg weiter eingefallene Mißwachs verursachte grossen Mangel und Theurung; besonders 1692. die; den Leuten um so härter fiel, da man 20. Jahr vorhin das Viertel gut Dinkelkorn (so 30 biß 33. Pfund von 16. Unzen wägen mag) um 12. a 15 kr. erkauffen konnte, man solches nun um fl 4. biß fl 5. bezahlen mußte. Was das betrübteste war, so konnte man es auch oft wegen der darauf gefolgten Sperrung in der Eydsgenossenschaft um das Geld selbst nicht haben, so daß die Noth nicht geringer dann in dem Jahr 1771. gewesen seyn mag; obschon dazumahl wieder die Gewohnheit so betrübter Zeitläuffe die Handlung währendem Krieg und so grosser Theurung

rung in ihrer schönsten Blüte stund, und besonders viele Häuser durch den Leinwandgewerb, die guten Abzug hatte, sich sehr bereicherten, mithin an Geld eine zeitlang auch bey gemeinen Leuten kein Mangel war; gleichwohl wurde die Noth bey allem Ueberfluß des Goldes besonders in der Eydgenossenschaft so groß, daß mancher bey seinem vollen Beutel nicht eine handvoll Getreyd bekommen konnte. Die Ursache dieser Theurung rührte nicht allein von dem Krieg, sondern guten theils wie in der leztern Theurung von verschiedenen auf einander gefolgten Miß- und Fehljahren, kalten Wintern und Frühling, nassem Sommer und vielem Hagelwetter her. Was in so betrübten Jahrgängen auch wachsen mochte, gelangte zu keiner Zeitigung; Korn und Haber verdarben in den Halmen, legten sich nieder und wurden in den besten Feldern zu Gras; wie man dann bemerkt hatte, daß der Haber in der Mitte des Octobers noch grün auf dem Feld gestanden; was man auch einsammelte, verschwand, war voll Unraths und Schwindels so den Leuten die dergleichen Habergemüs assen, den Kopf taumelnd machte. Viele Feldfrüchte verdarben; auch die Kriegsvölker vermehrten das Elend, die den Vorrath aufzehrten. In solchen Umständen wurde die Noth besonders in der Eydsgenossenschaft ohnerachtet der Zufuhr aus Italien und Frankreich sehr groß, so, daß die Arme sich endlich genöthiget sahen, mit ganz ungewohnten Speisen ihren Hunger zu stillen; wie man dann im Frühling 1692. ganze Aecker voll arme Leute in dem Canton Appenzell wahrgenommen, die wie das Vieh Gras assen; viele hatten eine geraume Zeit nichts als gesottene Kräuter zu ihrer Speise, mit welcher sie ihre Mägen dergestalt verdarben, daß ihre vorhin schöne Leiber solchermassen entkräftet und ausgemergelt wurden, daß sie Todtengerippen ähnlich sahen.

In verschiedenen Häusern fand man keinen gesunden Menschen mehr, und das Elend gieng soweit, daß diejenige Weibspersonen die vorhin mit Spinnen sich gut ernährten, entkräftet und ausgemergelt wurden, der Baursmann wurde nicht weniger zu seiner Feldarbeit untüchtig; viele Leute wurden endlich wie in unsern Zeiten genöthiget, ihr Vatterland zu verlassen.

Die löbliche Eydsgenossenschaft wandte sich zwar mit ihren Klagen über die harte Fruchtsperr an den Kaiser und das römische Reich, von denen sie aber die Antwort erhielt: daß die Ursache derselben von dem noch immer fortwährend unbedenklichen Ihro Kaiserl. Majestät aber höchst empfindlichem Mißbrauch der in den französischen Diensten stehenden eydsgenössischen Völkern herrühre, die sich wieder den Bund gegen dem römischen Reich gebrauchen liessen. Es entschlossen sich hierauf die meiste Cantone und die Stadt St. Gallen ihre Völker nicht anderst als nach Innhalt des Bundes brauchen zu lassen, die französische Werbungen aber gänzlich einzustellen. Inzwischen währte die Theurung noch immer fort, und die Ausfuhr war noch immer gesperrt, wie dann 1693. das mit 115. Malter Korn und andern Kaufmannsgütern beladene und von Rheineck nach Rorschach abfahrende

rende Rheinecker Marktschiff von den Costanzer Soldaten auf eydsgenössischer Herrschaft mit Gewalt weggenommen, und über den Bodensee nach Wasserburg geführt wurde; aus welchem Angriff hinnach viele und nicht geringe Streitigkeiten entstunden.

Da auch in gleichem Jahr eine neue starke Anlage von 2. französischen Thalern auf jeden Sack Korn gelegt, und gleich wohl wöchentlich nicht mehr dann 300. Säck einzukauffen und abzuführen von dem schwäbischen Kreis bewilliget worden, so veranlaßte dieses eine neue eydsgenössische Tagsazung in Luzern, auf welcher verbotten wurde, keinen Markt weiter hin jenseits des Sees zu besuchen.

1691. entstund zwischen der Stadt St. Gallen und dasig fürstlichem Stift ein weit aussehender Streit; es hatten nemlich die Appenzeller und Gottshausleute die Gewohnheit Mittwochs vor dem Auffahrtstage auf St. Gallen zu kreuzen; es sollten aber laut den Verträgen von 1532. und 1665. bey solchen Zügen Kreuz und Fahnen niedergelassen werden, dem entgegen den 23ten April besagten Jahrs ein Conventual sein einer Ellen hohes Kreuz aufrecht trug. Beyde Theile griffen mit solcher Hize zu den Waffen, daß es ohnfehlbahr zu Thätlichkeiten gekommen wäre, wann nicht durch göttliche Vorsicht und durch fleissige Unterhandlung derer zu Rorschach zu gütlicher Beylegung dieser weit aussehenden Streitigkeit hiezu versammelten Ehrengesandten löblicher vier Schirmorte beyde Partheyen durch einen fried-

 lichen

lichen Vertrag wären verglichen, und der vorhin gesperrte Handel und Wandel wieder eröffnet worden.

Da im Jahr 1695. unser Bodensee abermahls solchermassen überfrohr, daß man aller Orten über denselben gehen, reiten und fahren konnte; so machte auch der Schulmeister von Altnau einem bey der Stadt Costanz gelegenem und dieser Stadt zu gehörigem Dorffe mit seinen Schulkindern von dar über das Eis einen Spaziergang biß nacher Langenargen, da ihn dann der allda sich aufgehaltene Graf von Oetingen nicht nur gastirte, sondern jedem Kind einen Wecken mit auf den Heimweg geben ließ.

Es hatte aber dieser kalte Winter, wie man sich vorstellen kann, neue höchst nachtheilige Folgen für die künftige Fruchternde, in dem das Getreyd abermahls solchermassen im Preis stieg, daß der schwäbische Kreis für nöthig fand, die in die Schweiz abführende Frucht mit einem neuen Imposto zu belegen, dahero gab dieses zu manchen Verdrüßlichkeiten und unnachbahrlichen Beschuldigungen von den nächst angränzenden Eydsgenossen besonders gegen die an dem Bodensee gelegene Städte Anlaß; es daurte jedoch dieser neue Fruchtimposto nicht gar lange, sondern er wurde bereits 1698. auf mehrmahliges Andringen hochlöblicher Eydsgenossenschaft wieder abgestellet; wobey anmerkungswürdig ist, daß die Frucht hierauf von fl. 2. 52 kr. so sie

kurz

vorhin noch gegolten auf 8. Bazen das oben angeregte Viertel herunter fiel; sollte man nicht hieraus desto sicherer schliessen können, daß die Meynung derer gegründet sey, welche dafür halten, daß der Wucher in der Frucht nie stärker getrieben werde, als in den Sperrungen und alsdann die gröste Steigerungen geschehen, wie könnte sonst bey einer erleichterten und vermehrten Abfuhr ein so schneller Abschlag erfolgen? Auch bey dem Ausbruch des spannischen Erbfolgkrieges mußten diese Gegenden schwäbischer Seits an demselben Antheil nehmen; in dem auch das römische Reich in denselben mit verwickelt wurde; wiewohl verschiedene Kreise gerne neutral dabey geblieben wären.

Wie grausam aber die schwäbische Lande insbesondere 1702. in diesem Krieg überhaupt von Freunden und Feinden in ihren Hin- und Wiederzügen müssen mitgenommen, und in einen erbarmungswürdigsten Zustand gesezt worden seyn, ist einigermassen daraus zuschliessen, daß wegen Verheerung vieler Fruchtfelder in solchem Jahr der Preis des Korns fast um die Helfte gestiegen. Sonst näherte sich damahls bereits im Mayen auch ein Theil des französischen Kriegsheers dem Ufer unsers Sees, an welchem es das Schloß Langenargen angriff; von dar es sich an der Stadt Lindau und auf deren kleinem Gebieth (die sich damahl in den Schuz der hochlöblichen Eydsgenossenschaft begeben, und von derselben eine Besazung eingenommen hatte) biß gegen das sogenannte Bäumlin bey Bregenz hinzog, von dannen es aber unverrichteter Dingen wieder zurückkehrte;

nicht glücklicher waren die französische Völker in dem österreichischen Erbfolgkriegs 1744. in ihrem Angriff vor der bregenzer Klaus; wovon eine umständlichere Nachricht in dem 3ten Theile der schwäbischen Topographie vorkommen wird.

Fünftes Kapitel.

Anmerkungen über den Zustand der Cultur, Industrie und Gewerbe in denen an diesem See gelegenen Landschaften; und die Zu- und Abnahme der Schiffarth auf demselben in den ältern nnd neuern Zeiten.

Da die Ufer des Bodensees schon vor dem Anfange der Regierung des römischen Kaisers Augusti zu bewohnen und zu bauen angefangen worden, so sollte man glauben, die Cultur derselben würde binnen ein paar Jahrhunderten zimlicher massen ausgebreitet werden; dann obschon die erste Anwohner Frembdlinge darinn seyn mochten, so konnten sie doch durch die unter sie gesetzte römische Colonisten darinn unterrichtet und unterstützt worden seyn; zumahl denen letztern eben soviel als den alten Einwohnern selbst an der Vermehrung der Producten der Erde zu ihrer Unterhaltung gelegen seyn mußte; allein dieses scheint nicht geschehen zu seyn, wei[l] es vermuthlich die damahlige fast immer fortwährende Kriege nicht zugelassen, bey welchen kein[e] Cultur empor kommen konnte; es ist sich daher nicht zu verwundern, daß besagte Ufer noch in den 4ten Seculo nach dem Zeugnis eines römischen Scri-

Scribenten nemlich des Ammiani Marcellini der obbesagtermassen als Befehlshaber in diesen Gegenden selbst gewesen, noch sehr gräßlich ausgesehen, indem er diese Ufer nach ihrem damahligen Ansehen folgendermassen abgeschildert: „Der Zugang zu dem „Bodensee ist durch Furcht und Schrecken der unfläti„gen Wälder überall gesperrt, ausser wo jene alte ge„sittete Mannschaft der Römer eine grosse Heerstrasse „troz den Feinden der Wildnis und der Rohigkeit des „Clima und des Landes angeleget.„ Lacus bodamicus Horrore silvarum squalentium inaccessus fuit, (nisi qua vetus illa Romana virtus & sobria iter composuit latúm) barbaris & natura locorum & Cœli Inclementia refragante. L. XV. cap. 4.

So sahen die Ufer unsers Sees damahlen aus, und so waren die um dieselbe gelegene Landschaften tüchtig noch in den folgenden Jahrhunderten den Jägern, Auerochsen, Elendthiere, Steinböcke, Büffel, Waldesel, Bären, Wölfe u. s. w. die nur noch den Wäldern des entfernten Norden eigen sind, zu liefern. Es wird hieraus wahrscheinlich, daß zu solcher Zeit noch keine Güterdurchfuhr über den See bekandt gewesen seyn müsse, ob er wohl zur Ueberfuhr der Personen mag gedient haben, auch sonst die Handelschaft der Römer dieser Enden nicht unbekannt gewesen, wie dann besonders in dem Versuch der Geschichte der Handelschaft der Stadt und Landschaft Zürich der Zustand und Lauf der Gewerbe in den ältern Zeiten dieser Enden sehr wohl erläutert wird. Solchem nach wurden zum Behuf der Handlung die damals

K 5 ohne-

ohnehin nur mit ausländischen Producten und Waaren getrieben werden konnte, Märkte sowohl an den Gränzen als tieffer im Lande für die Teutsche angeleget; wie man dann muthmasset, daß Tiberius als er die Provinz Gallien 16. Jahr vor Christi Geburt im Namen K. Augusti regieret, das Forum Tiberii oder das heutige Zurzach in Helvetien angelegt habe. In der Nähe der Alpen, der Donau, dem Rhein und dem Rhodan lag Zürich an solchen Gewässern die diese Handlung und Gemeinschaft erleichterten. Unter den Bergstrassen war damahl der Gotthard noch nicht gangbahr, darum wurde Zürich die Niederlage der Handlung zwischen Vindelicien, Italien, Rhätien, dem Rheinstrohm und Gallien, und daselbst ein Zollammt zu Beziehung des 40sten Pfennings von allem Kaufmannsgut angeleget; wie solches aus einer lateinischen Ueberschrift eines alten lateinischen Steins der in dasiger Stadt 1747. auf dem Lindenhof ausgegraben wurde, erwiesen wird.

Es ist also kein Zweifel, daß schon in diesen frühern Zeiten eine Handelschaft bestanden habe, welche besonders in den spätern Zeiten des Kaiserthums noch lebhafter wurde. Allein die Waaren giengen damals noch nicht über unsern See, sondern um denselben über Bregenz, was nemlich aus Pannonien und Vindelicien kam, und auf Windisch und weiter hingieng; von Mayland über den Splügerberg und Chur auf Zürich, und von da aus über Avranche, Wiflisburg auf Lyon und Arles, auch auf Augst und Maynz. Die Heerstrasse se zog sich zwar von Bregenz und Chur auch über Rheineck, Arbon, Pfyn, Winterthur, Kloten, Buchs und Baaden auf Windisch, die Güter aber kamen meist über obgemeldte Gewässer nach Zürich. Es erhellet aus diesem allem, daß über unsern See zu solcher Zeit noch keine Waaren geführet worden, und daß der Transito über denselben erst in spätern Zeiten, da sich die Gewerbe nahmhaft vermehret, müsse eingeführet worden seyn.

Nach dem die Römer aus den teutschen Provinzien vertrieben worden, zog sich die Handelschaft fast gänzlich wieder nach Italien, und konnte unter so kriegerischen Völkern als die Allemannier und Franken waren, keinen Fortgang gewinnen. Dann ob sie schon unter den letztern nach und nach eine freyere Einrichtung erlangte, da ein jeder kaufte was er wollte, und sich bey dem damahligen Mangel an Geld mit dem bezahlen ließ, was jedem wuchs oder von ihm verarbeitet wurde, so war doch der Handel und Verkehr auf diese Weise noch gering. Man besaß fast nichts als Güter und Vieh, von denen fast jedermann lebte, und auf dem Land wohnte, weil die Franken die Städte fast eben so wenig liebten als die Allemannier und andere teutsche Völker. Es waren auch noch fast keine andere Städte vorhanden, als die vormahls von den Römern erbauet worden, und unzerstört geblieben, deren Einwohner noch geringer geschätzt wurden, als die Besitzer der Feldgüter.

Die Länder die der königlichen Kammer gehörten, waren in Höfe eingetheilt, und Curtes dominicæ und indominicatæ genannt. Es waren in sich selbst bestehende Würthschaften mit allen dazugehörigen Handwerkern. Ein Ammann, Mayer oder Vogt war der Oberverwalter, der denen dem Grund angehängten niedern Gerichten, und der Haushaltung vorstund. Er hatte sein Gericht von Hofjüngern unter dem die Hof und leibeigene Leute und Schuzangehörige stunden. Dergleichen Höfe besassen auch freye Leute samt den Gerichten kraft ihres freyen Standes und Eigenthums. Und hieraus entstunden hinnach die vielerley Gerichtsherrlichkeiten, Vogteyen, Dinghöfe u. s. w. in die besonders die allemannische Lande getheilt waren, und zum theil noch sind. Unter diesen verschiedenen Arten von Gerichtsbahrkeiten gehörte dann auch diejenige Jurisdiction über die Kellnhofgüter und die Leibeigene; welche aber nur eine Jurisdictionem imam realem limitatam, particularem, præsidiariam oder ein hirtenstäbisch Gericht ist, über welche der berühmte Verfasser der Actorum Lindaviensum folgende Auskünfte giebet: die vorbemelte Untergerichtsbahrkeit die von dem vormahligen Königs oder Blutbann wie auch von dem gemeinen Bann oder der hohen und niedern Gerichtsbahrkeit verschieden ist, war unter den Allemanniern und Franken bereits als ein besonders Bauren Bau, und Unterdings- oder Hubgericht bekannt und in Uebung gekommen. Es bestund vornemlich auf den Fallgütern, Schupflehen, Erb- und Zinsgütern, Hubgütern (welche in Ober-

schwa-

schwaben gemeiniglich Lehen genannt werden) und den dazu gebannten Besitzern und leibeigenen Leuten; es wurde mithin wegen seiner Aehnlichkeit mit den wahren Lehengütern und deren Gerichtsbahrkeit eingeführt, von welchen bekannt ist, daß sie sich allein auf die Vasallen und die Lehen betreffende Angelegenheiten und weiter nicht erstreckten; dahero solches Bau- und Hubergericht nur auf solche Güter und deren Besizer eingeschränkt ist.

Diese Art von Gerichtsbahrkeit besassen ehedem die Edelleute an dem Bodensee kraft der Leibeigenschaft und der derselben untergebenen Güter über ihre leibeigene Unterthanen, und die dazu gehörige Grundstücke so lange biß die Landesherren unter welche solche Leute und Güter gehörten, diese von dem gemeinen Recht abgehende allgöwische Gewohnheit nicht mehr dulden wollten, und die Eigenthümer eher aus ihren Gütern gar vertrieben. Worauf dann solche Arten der Gerichtsbahrkeit nach und nach aus dem Gebrauch kamen, und nur noch einige hie und da davon anzutreffen sind; unter welche vornemlich gehört, daß gemeiniglich die Leibeigene ihren Leib und Halsherren wegen der Leibeigenschaftsgerechtigkeit einen körperlichen Ayd leisten müssen. Ob nun wohl dieser Ayd von dem Ayd der Vögt und Lehenleuten gar sehr verschieden ist, so gab es doch Anlaß, daß man in der Folge aus solchem Schwören zuweilen besonders in den Klöstern über solche Leibeigene sich mehr Recht anmassen wollte, als darunter begriffen ist; woraus dann oft viele und langwierige Streitigkeiten entstunden, in dem

meh-

mehrere Klöster besonders in Oberschwaben solche imam et prædiariam Jurisdictionem über ihre Leibeigene und Güter zwar allerdings doch nicht so sehr Kraft oberwähnten allgöwischen Gebrauchs, als in Ansehung ihrer besondern Privilegien und vermög solcher beybehaltener Gewohnheiten biß auf die neuern Zeiten hergebracht und behalten haben. Dann da denselben schon unter den Carolingern manche Höfe und Güter mit denen dazu gehörigen leibeigenen Leuten, und Gültbauren welche zu solchen Höfen bestimmt und gebannet waren, vergabet wurden; so erhielten sie zu deren bessern Nuzniessung auf solchen eine gewisse Colonoriam & imam Jurisdictionem oder Bauren und Untergerichte, welche hernach mit den Gütern und ihren Besizern unter die Verwaltung der Klöster und Kirchenkastenvögte kamen; unter welchen insgemein Zwäng und Bänn mit begriffen wurden. In der Folge vergabte man in dem mitlern Zeitalter ferner noch vornemlich denen Klöstern ganze Städte oder Marktflecken, Dörffer und Weiler, mit der gänzlichen niederen oder noch mehr eingeschränktern Gerichtsbahrkeit; dadurch geschah es nun, daß die Verwaltung solcher Leute und Güter samt denen dazu gehörigen Bauren und Hubgerichten, weil die Klöster solche gemeiniglich dienst oder lehenweise andern überliessen, Mayerämter, Mayerey, Mayerschaften und die Verwalter derselben Meyer oder Mayerherrn genannt wurden; welchen man die Kellerarii oder Kellner als untergebene Bediente und Einzieher sowohl der vogteylichen als mayerlichen Gefälle zugab; wie man dann noch in den neuern Zeiten in demjenijenigen Theil der Schweiz, der ehehin zu dem alten Allemannien gehört hatte, diejenige Schafner die noch jezo die Kirchengefälle einzuziehen oder zu verwalten haben, Kirchmeyer zu nennen pfleget; auch wird theils Orten in Schwaben ein Baur der einen grossen Hof hat, noch jezo Mayer genannt; wie dann noch die grosse Hofgüter in Teutschland überhaupt Mayerhöfe genannt werden.

Soviel nun die denen vorbesagten Mayern vormahls untergeben gewesene, und zum theil noch vorhandene Kellner betrift, so besassen solche insgemein eines Klosters vornehmsten oder Haupthof, dergleichen es noch giebet, er mochte nun in oder ausser einem Dorff liegen, gegen gewisse Zinse und Gülten, wobey sie zugleich die zu solchem Kloster gehörige andere Zinsen und Gülten, wie auch dessen Kastenvogt die ihm besonders zukommende Rechte und Einkünfte eingezogen, auch theils Orten die Aufsicht über die Waldungen und andere Grundstücke hatten; inglei-gleichem die über die Klostergüter hergekommene obgemeldte Ding- oder Baugerichte besassen; in dem zu den Land- und Stadt- und andern Territorial- und Universalgerichten keine solche gemeine und leibeigene, sondern freye Burger und Landsassen zu gelassen wurden; woraus dann die eigentliche Beschaffenheit und Unterscheidung solcher Gerichte gegen den vorgemeldten andern höhern Land- und Stadtgerichten genugsam zu ersehen ist; wie dann so gar die Vollstrecker der Justiz oder die Scharfrichter nicht mit der Leibeigenschaft behaftet seyn dorften, sondern aus den freyen Leuten genommen wurden;

dahero sie auch noch bis auf den heutigen Tag Freymänner genannt werden; man kann hieraus leicht erachten, daß sie ehehin in einer ungleich grössern Achtung stehen mußten als heut zu Tage.

Man siehet inzwischen aus dem allem, daß vorgemeldte Bau- und Hubgerichte die niedrigste Art von Gerichtsbahrkeit und von der Territorialobrigkeit unendlich verschieden seyen; auch daß die sogenannte Kellnhöfe ursprünglich nur aus einzelnen Baurenhöfen bestanden haben, und keine Spur einer Territorialherrschaft, Blutbannes oder anderer Herrlichkeit auf denselben hergebracht worden seyen. Dann ob sie gleich in der Folge stark vermehret wurden, so geschah es doch nur aus der Ursache, weil sie ursprünglich zu einer solchen Zeit angelegt worden, da das Land noch nicht stark angebauet worden, worauf man sie dann erst bey weiterm Anbau desselben in mehrere Grundstücke zertheilt, welches um so eher geschehen konnte, als sie anfänglich aus ganzen Haupthuben bestunden, so daß aus einem solchen Hofe hinnach 3. bis 6. und 9. kleinere entstunden, die insgemein in verschiedenen Herrschaften zerstreuet liegen, mithin auch kein Forstrecht besitzen; es sind auch dergleichen Höfe selten zu ganzen Dörffern oder Weilern erwachsen, sondern sie liegen in solchen wie andere Particulargüter zerstreut, wie man dann an dem Bodensee keinen solchen Mayer- oder Kellnhof aufweisen kann. Es sind inzwischen solche Kellnhöfgüter von andern Stifts- oder Klosterlehengütern unterschieden; von den erstern müssen die hergebrachte Grundzinse und dem

Kelln-

Kellnhof die Steuren erlegt werden; welche Vogtey von dem Reich herrührt; andere Gefälle als Zöll, Mauth u. s. w. haben in ganz Schwaben die Kellnhöfe nicht zu beziehen, als die Straffen von den geringen Freveln; so viel mag von dem Ursprung und der Beschaffenheit der Kellnhöfe genug gesagt seyn.

Sonst läßt sich die Würthschaft zu den Zeiten Carls des Grossen aus dessen Verordnungen hierüber einsehen; in dem er seinen Ländern Gesetze gab, und seine Beamtete zur genauesten Rechnung forderte; Metalle kamen zu dieser Zeit im Verkehr wenig vor; gleichwohl dienten sie zur Bestimmung des Werths besonders in Straffen und Bussen. Man wog einander das Silber bey Pfund und Loth zu; nur Pfennige wurden in wirklicher Münze bezahlt; ja belobter Verfasser der Geschichte der Handelschaft der Stadt und Landschaft Zürich merkt aus Goldast, Baluzens und Leibnizen Sammlungen an, daß auch Eisen statt Gold gedienet habe; und daß da Carl der Kahle wegen Seltenheit der Münz in seinem Reiche eine neue einführen wollte, man jedem Münzmeister 5. Pfund Silber aus dem königlichen Schaze zum Fund gegeben habe; auch daß ein Inventarium von einem Mayerhof Carls des Grossen in Schwaben übergeblieben; in welchen sich bezeichnet finden: 47. Stücke Hornvieh 300. Schweine und ander klein Vieh, 740. Jauchert, Aecker, Wiesen zu 610. Karren Heu u. s. w.

Aber die ganze Baarschaft bestund nur in 3. Schillingen; in anderm fand sich gar kein Geld.

Aller Werth bezahlte sich in liegenden Gütern und Fahrnissen. Der König unterhielt seine Hofbediente, seine Soldaten u. s. w. in dem er ihnen nach dem Rang, Güter und darauf gehaftete Leute übergab; oder unterhielt sie sonst in Nahrung und Kleidung, deren Ertragenheit ihr Sold und Wartgeld war. Und so hielten es die grosse Herren wie auch jeder freye Mann. Was aber die tägliche Arbeiten und Geschäfte betraff, die bezahlte man mit Geld, worunter dazumahl nicht nur die wirkliche Münz als auch die Fahrnisse die vornemlich in Vieh bestund, begriffen wurde. Im Thurgäu, Rheinthal wie auch an der schwäbischen Seite des Sees wird noch heute zu Tage unter der Habe das besizende Vieh verstanden; sonst aber werden insgemein alle bewegliche Güter darunter begriffen.

So lange die Könige und die Grosse nebst dem übrigen Adel fast allein von den Einkünften der Grundstücke und den Arbeiten ihrer Leibeigenen lebten, bedeutete das gemeine Einkommen wenig. Die königliche Beamtete die die Länder und Provinzien im Namen der Könige verwalteten, und theils vor sich eigene Güter hatten, bekamen bald wenig bald viel von denselben zu ihrer Unterhaltung, je nach dem sich der ihnen zur Verwaltung angewiesene Bezirk und die Vermögenheit desselben erstreckte.

Nach

Nach dem aber diese Würden und Länder hinnach entweder durch Verdienste, Vergabungen, oder willkührliche Zueignungen erblich wurden, und den teutschen Kaisern nichts mehr als der Nexus feudalis davon übrig blieb, so suchten die teutsche Fürsten auch ihre Länder besser zu nuzen. Hiernach mag es geschehen seyn, daß die vorhin fast durchgehends zerstreute Wohnungen der Landleute um ihrer mehrern Sicherheit willen aber zum grösten Nachtheil des Feldbaues an einander gefüget, und die jezige Dörffer zusammen gebauet worden, denen man in der Folge gewisse Ordnungen und Gränzen vorschrieb, auch die Pflichten und Schuldigkeiten der Unterthanen auf einen festen Fuß sezte; woraus hernach das Dorff und Landrecht entstund, welches durch die Länge der Zeit, Gewohnheiten, Freyheiten und Sazungen um ein Grosses vermehrt wurde.

Ob wohl die christliche Religion auch dieser Enden hauptsächlich und allgemein durch die fränkische Könige eingeführt wurde, so hatte es doch damit einen langsamen Fortgang. Dann um den Anfang des 7ten Seculi lag noch ein grosser Theil von Oberallemannien in heidnischer Finsternis, obschon zu solcher Zeit auf der helvetischen Seite des Sees verschiedene christliche Gemeinden vorhanden waren.

Weil aber auf der andern und obern Seite des Sees das Heidenthum noch eingeführt war; so läßt sich auch hieraus abnehmen, daß die Anwohner der beedseitigen Ufer noch wenige Gemeinschaft mit einander müssen gepflogen haben. Um diese Zeit langten endlich der H. Columbanus und H. Gallus in diesen Gegenden an; die in solchen die christliche Religion und zwar der leztere zu Bregenz einführte; woselbst er ein der H. Aurelien eingeweyhtes Kirchlein antraff, obschon neben solchem die heidnische Religion dieser Enden wieder war eingeführt worden; dahero der H. Gallus die Bregenzer nochmahls aus dem Heidenthum zu dem wahren Glauben zurückbringen mußte. Dieses wurde ihm so leichter, weil er neben der lateinischen auch die inländische Sprache redete, in welcher er die Lehre des christlichen Glaubens deutlich vortragen konnte; welches vornemlich an dem Feste ihrer Tempelweyhe geschah; zu welcher viel Volks aus allerley Geschlecht und Alter sowohl aus den umliegenden schwäbischen und allgöwischen als aus entfernten Gegenden kam. Bey dieser Gelegenheit zerschmiß er die in obigem Kirchleim gefundene heidnische Gözen die vermuthlich nach Vertreibung der Römer von den Allemanniern darein gesetzt worden seyn mögen, als welche die christliche Religion die schon unter der Römer Beherrschung hier bekannt gewesen, wieder ausgerottet; dann daß sie in Schwaben und dem Allgöw schon in den ersten Seculis eingeführt worden, erhellet aus der Geschichte dieser Zeiten, mithin ist es aus der Erbauung des erwehnten Kirchleins muthmaßlich, daß sie auch biß an den Obertheil unsers Sees sey ausgebreitet worden. Sonst ist bekannt, daß vorgedachter H. Gallus den ersten Grund zu der Abtey St. Gallen geleget, und an dem Flüßchen Steinach das Kloster erbauet wurde.

Der

Der damahlige Herzog Gunzo von Allemannien, dessen Tochter dieser heilige Mann gesund machte, wurde aus seinem vormaligen Verfolger, (weil er sich noch zum Heidenthum bekannte, und die Einführung des Christenthums dieser Enden nicht einführen lassen wollte) sein so grosser Gönner, daß er ihm hernach zu Beförderung seines Vorhabens allen Vorschub that; auch solle seine Tochter bey ihrem Gemahl bey dem Könige von Austrasien Sigisbert zu Mez soviel vermocht haben, daß er ihm und seiner Zelle alle um dieselbe herum gelegene Ländereyen biß an den Alpstein in dem dißmahligen Canton Appenzell vergabet habe.

Man hält zwar heute zu Tage den starken Anwachs der reichen Klöster dem gemeinen Wesen nicht für vortheilhaft, und zwar nicht ohne Grund; indessen kann gleich wohl auch nicht geleugnet werden, daß die erste Stiftungen derselben so schädlich nicht waren, als sie es hernach durch ihre allzustarke Vermehrung und weil man das arbeitsame Leben gröstentheils in denselben verlassen hatte, geworden seyn mögen; wie solches ein Schriftsteller neuerer Zeiten in seinem Tract von der Oeconomie der Alten sehr wohl bemerkt hat; in dem sie anfänglich ein nicht geringes zu dem Fortgange und Verbesserung der Cultur in den ersten rohen und barbarischen Zeiten, daselbe fast allein den Leibeigenen zu besorgen überlasse wurden, beygetragen. Es wurde dazumahl vornemlich denen Mönchen und den Weltgeistlichen die Betreibung der Landwürthschaft auch aus der Ursache gestattet; damit sie dabey von ihrem Fleisch und Blut nicht angefochten, oder in den Müssigang als die Quelle aller Laster versenkt würden. Wie es dann der göttlichen Absicht gemäß ist, daß der Mensch arbeite und nicht bloß bethe, oder sich mit dem beschaulichen Leben beschäftige. Anfänglich suchten die Mönche in der Einsamkeit nur Schuz wieder die Verfolgungen, biß sie sich hinnach an wohlgelegenen Orten Hüttlein bauten; zu denen sich auch einige Andächtige vom weiblichen Geschlecht gesellen mochten; da dann hernach an den gleichen Orten zweyerley Klöster entstunden, nemlich Manns- und Frauenklöster; die man aber in der Folge, weil sie zu Mißbräuchen Anlaß gaben, entweder zum Theil aufhob, oder von einander mehr absonderte. Diejenige Mönche nun die an dergleichen einsamen Orten anfänglich für sich wohnten, nannte man Monachos oder **Mönche** d. i. solche Leute, die gerne von der Welt abgesondert lebten, und ihre Zeit mit geistlichen Betrachtungen zubringen wollten; sie wußten anfänglich noch von keinen Ordensreglen; dann diese wurden erst lange hernach abgefaßt, und denen Klosterbrüdern und Schwestern zur Beobachtung vorgeschrieben. Was nun unter solchen zur Arbeit untaugliche Leute waren, die lebten vom Allmosen, wo sie sich nicht anderst zu erhalten vermochten. Diejenige aber, die sich der Arbeit unterziehen konnten, beflissen sich der Landwirthschaft. Dieses einzelne und zerstreute Leben daurte so lange, biß das abendländische Reich ein Raub ausländischer Völker wurde. Da dann die Bischöffe hinnach mit Erlangung ganzer Landschaften und Stiftungen für ihren Vortheil sorgten, woraus zum Theil in der

Folge

Folge die noch heute zu Tage bekannte Stifter und Klöster entstunden.

In diesen lagen nun auch die Wissenschaften lange Zeit hindurch wie begraben, aus denen sich hernach die Mönche zum theil vorzüglich auch eine Beschäftigung machten, nach dem man endlich eingesehen hatte, daß ihre Verfassungen ohne solche nicht wohl zu bestehen vermochten. Man führte zu dem Ende auch in den teutschen Klosterschulen nach dem Beyspiel der italiänischen im 11ten theils aber und hauptsächlich im 13ten Seculo die aristotelische Philosophie ein, und legte sie zum Grunde zu den Studien in Teutschland.

Die Klöster selbst wurden verschiedentlich angeleget, je nach dem die Stifter der verschiedenen Orden diese oder jene Lage vorzüglich liebten: nach dem bekannten Distikon:

Bernhardus Amnes, Colles Benedictus amabat

Oppida Franciscus, magnas Ignatuis Urbes.

Die Stadtklöster wurden insgemein später als die Landklöster errichtet; wie wohl einige derselben durch ihre Anlegung den Grund zu den damit verbundenen Städten selbst mitlegten; als Kempten St. Gallen u. s. w. die Landklöster gaben inzwischen Gelegenheit, daß man (jedoch nach aristotelischen Grundsäzen) die Merkwürdigkeiten der Natur besser in Betracht zog, und über natürliche Be-

 geben-

gebenheiten und Wirkungen mehr Beobachtungen anstellte, aus solchen aber gewisse Grundsäze zum Nuzen des gemeinen Lebens zog; diese theilten dann diejenige gutherzigen Mönche, die zu dergleichen Observationen mehr Zeit und Gelegenheit hatten, als die Layen, die meistens Leibeigene von andern Beschwerden geplagte, mithin zu dergleichen Bemerkungen wenig aufgelegte Leute waren, andern mit; diese Reglen waren dann aber auch den damahligen noch sehr eingeschränkten und seichten Einsichten gemäß; welche von diesen Bemerkungen bey den Landleuten und Wirthschaften nun am meisten mit ihren eigenen Beobachtungen und Erfahrungen eintraffen, diese wurden dann für zuverlässig gehalten, und hieraus entstunden dann nach und nach die Baurenreglen von denen viele so beschaffen sind, daß sich nicht zu verwundern, daß selbe zum theil auf einem höchst unsichern und oft lächerlichen Grund beruhen.

Zu solchen Zeiten wurde noch manches wovon man keine Ursache anzugeben wüßte, für Zauberey gehalten, wieder welche manche aberglaubische Hülfsmittel im Schwange giengen und gebraucht wurden, welches so lange daurte, biß in den folgenden Zeiten die eingeführten philosophischen Wissenschaften und Studien in Teutschland besonders unter den Protestanten in Aufnahme kamen; da man dann besonders die Physic, Astronomie, Arithmetick und die Arzneykunst gründlicher lernte und lehrte, worauf eine ungleich mehrere Aufklärung erfolgte, und was man vorhin Hexerey nann-

nannte, nun vor Magia Naturalis erkannt wurde; insbesondere machte sich der unsterbliche Thomasius dadurch vorzüglich verdient, daß er manche unschuldige Weibspersonen, die vorhin als Hexen verbrannt wurden, nun vor dem Scheiterhauffen so kräftig beschüzte, daß dergleichen abscheuliche Executionen selten mehr zum Vorschein kamen.

Es ist sich auch nicht zu verwundern, daß die Wissenschaft der Natur so lange vernachlässiget, und manches den sogenannten Hexen und Zauberern die mit dem bösen Feind in Bündnis stünden, zugeschrieben wurde, weil man keine natürliche Ursachen davon anzugeben wußte; dann es war den Mönchen nicht möglich in derselben viele und gründliche Untersuchungen anzustellen; dann wann gleich mancher dieses oder jenes versuchen mochte, so brachte er es doch aus Mangel nöthiger Instrumenten und Einsichten selten zur Vollkommenheit; wo es nicht durch einen blossen Zufall wie z. B. mit der Erfindung des Schießpulvers geschah; wie wohl vielleicht zum Besten des menschlichen Geschlechts zu wünschen gewesen seyn möchte, daß man dessen ungluckliche Wirkung nie entdeckt hätte.

Merkwürdig ist inzwischen, daß die nöthigste Wissenschaften am meisten aus der Acht gelassen worden; indem nach Anlegung der Universitäten die medicinische die lezte war; die Erlernung der Staats- und Privatökonomie aber fast gar übergangen wurde. Welchen Fehler man erst in unserm Jahrhundert einzusehen, und demselben abzuhelffen

 an-

anfieng, wiewohl besonders in den lezten Wissenschaften fast durchgehends noch eine grosse Unwissenheit herrscht. Jene wurde vormahls, weil sich die Weltliche selten mit den Wissenschaften abgaben, auch fast nur von der Clerisey getrieben und ausgeübet, mit was Erfolg ist leicht zu erachten. Es muß jedoch der langsame Fortgang in derselben ebenfalls dem damahligen grossen Mangel in der Naturwissenschaft zugeschrieben werden. In dessen gab gleichwohl eben diese noch rohe und unvollkommene Arzneywissenschaft Anlaß den Nuzen und Gebrauch vieler Kräuter zu Heilung der menschlichen Gebrechen und Krankheiten näher kennen zu lernen, und durch solche gewisse Heilmittel für Menschen und Vieh ausfindig zu machen, wo sie besonders mit der gehörigen Vorsicht und Unterscheidung angewandt werden konnten; wo wieder man aber auch dazumahl um so mehr fehlen mochte, da diese Kunst überhaupt ebenfalls auch noch heutiges Tages in manchem Betracht noch sehr ungewiß ist. Da aber die Zahl der Hülfsbedürftigen sich theils vermehrte, theils aber die Klostergeschäfte in andern Angelegenheiten anwuchsen, so überließ man das Kräutersammlen geringen Leuten besonders Weibsbildern, die dahero noch jezo die Kräuter villeicht zu weilen besser als mancher Arzt kennen.

So befand sich auch die Theorie der Landwirthschaft vorzüglich bey der Klerisey. Der gemeine Mann wußte von derselben weiter nichts, als was man ihm von solcher bekannt machte, oder ihn dessen eigene Erfahrung lehrte, oder ihm bey socher

die

die Natur und Vernunft an die Hand gab. Ueberhaupt bezog sich die ganze Wissenschaft des Volks in dem Feldau auf solche Reglen, die durch Unterricht vom Vatter auf den Sohn gebracht wurden, mithin blieb dann auch eine der wichtigsten und nüzlichsten Handthierungen biß auf unsere Zeiten in einem höchst elenden Zustande.

Zu diesen Zeiten gehörte auch der Gebrauch der schiffbahren Wasser noch unter die kaiserliche Regalien, wie solches auch unter den fränkischen Königen üblich war, die dahero den Zoll davon bezogen, mithin konnte auch auf unserm See noch keine beträchtliche Schiffahrt statt finden, weil niemand vorhanden war, der eine oberherrliche Gewalt über denselben besessen hätte, mithin weder eine Schiffahrt einführen, oder sonst einigen Nuzen oder Zoll von einiger Durchfuhr von Kaufmannsgütern beziehen dorfte. Dieser Vorzug wurde erst in den folgenden Zeiten den hohen geist- und weltlichen Ständen des Reichs verliehen. Dem zu Folge soll noch in dem 14ten Seculo der ganze Zürichsee ein Eigenthum des Reichs gewesen seyn. Wann demnach solcher schon zur Zeit der Römer und Franken beschiffet worden, so geschah solches, weil hier obgedachtermassen ein Hauptpaß und ein ordentliches Zollamt angelegt war; dessen Einkünfte den Römern und Franken zufielen; auch nach diesen ohne Zweifel dem Fisco nebst andern kaiserlichen Regalien vorbehalten wurden; biß solche wie vorgedacht hinnach an geist- und weltliche Stände von den Kaisern selbst vergabet oder veräussert wurden. Wie dann die

alte

alte Geschichtschreiber verschiedene Klöster anführen, die entweder von solchen Zöllen in Absicht ihrer Güter befreyet, oder mit deren Beziehung gar beschenket worden; eint und andere mögen wohl auch das Recht der Schiffahrt auf dem eint oder andern Fluß erhalten haben. Wann diese auf unserm See am ersten eingeführt worden, davon hat man keine Nachricht. Inzwischen wurden alle Flüsse und Seen als gemeine Reichsstrassen angesehen, deren Sicherheit in denen unruhigen Zeiten die ehemahls fast immer fortdaurten, heilig beobachtet werden mußte.

Es wurden auch diejenige, die solche verlezten, und sich an den Reisenden oder deren Gütern vergriffen, von dem Gowgrafen mit der auf dieses Verbrechen gesezten Straffe beleget; ja die Missi regii vel dominici hatten bey ihren jeweiligen Absendungen schon unter dem Carl dem Grossen den Auftrag, besonders auch auf die schiffbahren Wasser ein scharffes Auge zu haben, auch zu veranstalten, daß deren Ufer wohl unterhalten würden. Die Schiffahrt war auch jedem Grafen in seinem Gow eben so sehr als die gute Erhaltung der Strassen und die Handhabung nach damahliger Art empfohlen.

Nicht weniger gehörten unter die kaiserliche Regalien die Fischenzen, die in den folgenden Zeiten ebenmässig den geist- und weltlichen Ständen verliehen oder geschenkt wurden. Obwohl aber hin-

nach

nach die gräfliche Regierung in Abgang kam, und die Justizverwaltung den Ständen und Städten des Reichs selbst zu theil wurde, so wurde ihnen die Beschirmung der Reichsstrassen doch noch nicht durchaus mit verliehen, sondern den Kaisern mit mehr andern Regalien annoch vorbehalten; deren Verwaltung an die Reichskastenvögte gelangte. Die Städte die zu dem Reich gehörten, und ihr eigen Regiment hielten, auch die Besorgung ihrer Oekonomie selbst verwalteten, hatten zwar auch ihre Reichsvögte, denen aber fast allein die Verwaltung des Blutbannes und der übrigen kaiserlichen Regalien zukam; inzwischen waren die Freyheiten, Rechte und Vorzüge der eint und andern Reichsstadt je nach dem sie von den Kaisern mehr oder weniger begünstiget wurden, verschieden.

So erhielt z. E. nach dem Tode des leztern Herzog Berchtolds von Zähringen 1218. die damahlige Reichsstadt Zürich durch die Erledigung dasiger Kastenvogtey von K. Friederich dem 2ten schon zimliche Freyheiten; dann solcher nahm auf ihr Ansuchen besagte Kastenvogtey zu des Reichshanden, und sezte ihr nur einen Reichsvogt, der neben dem Blutbann und Handhabung einiger Reichsherkommen und Ordnungen nichts zu sagen hatte. Die übrige ledige Rechte des Reichs fielen an die Stadt, sonderheitlich ein freyes Oekonomiewesen und Regiment u. s. w. ein Theil der Zwängen und Bännen um die Stadt, als der vier Wachten am Zürichsee, so daß dieser nun zu dieser Zeit

mit

mit den Rechten des Reichs, der Vogtey, Schiffahrt, Fischerey u. s. w. der Stadt zukam; wie ihr solche 936. Kaiser Otto der erste vergabet hatte. Es wurde also solcher See 300. Jahr von ihr bevogtet, ehe ihr das zu beden Seiten des Sees gelegene Land zustund; wie dann diese beträchtliche Vergabung von K. Carl dem 4ten besagter Stadt folgendermassen bestätiget wurde: daß sie den Zurichsee, der uns und dem H. Reich zugehöret, als er von Zürich uf reichet unzit ze den Hurden, und auch die Visch darinn mögen bannen, besezen und entsezen und mit allen Sachen besorgen, als sy und ir Vordere biher gewohnlich geran hand. Dieses Recht und Vogtey bewiese die Stadt durch die jährliche Befahrung und Beschwehrung der Fischeinung zu Meylen, und beschwehrte sich 1365. über die Verschlagung der Reichsstraß durch den Bau der Rapperschweilerbrugg; wie solches in mehr angezogener Geschichte der Handelschaft der Stadt und Landschaft Zürich bemerkt wird. Die Reichsstraß des niedern Wassers und der Limmat soll wahrscheinlich der Stadt erst hinnach mit den wenig übrig gebliebenen Rechten der Reichsvogtey zugekommen seyn; dahero sie auch vorhin auf derselben keine hoheitliche Rechte, sondern nur die Nuzung des Wassers durch die ausschliessende Schiffahrt genoß, also mit solcher auch die Besorgung des Runses der Limmat und der Aaren biß in den Rhein und das Fischerrecht.

Aus diesem allem erhellet noch deutlicher, was es mit dem Eigenthum und dem Gebrauch der

Seen

Seen und anderer schiffreichen Wasser ehehin für eine verschiedene Bewandsame gehabt, und wie verschiedentlich sie gänzlich oder zum Theil an die Stände und Städte des Reichs in verschiedenen Zeiten gelanget.

In Ermanglung alter Uhrkunden und Nachrichten läßt sich bey unserm See schwerlich sagen, wann der eint oder andere Stand an demselben seine Gerechtsame sowohl der Schiffahrt als der Fischerey wegen erlanget, dann die landesherrliche Hohen insgemein am spätesten erlangt wurde. Vermuthlich geschah dieses eben auch in jenen stürmischen Zeiten, da Schwaben und Helvetien ein steter Kampfplaz währenden Streitigkeiten um den rechtmässigen Besiz des kaiserlichen Throns waren, da bald dieser bald jener auf solchen gesezt wurde, wo folglich kein oberster Richter im Reiche vorhanden war, und mithin auch die Nuzniessung und Handhabung der kaiserlichen Regalien besonders auf den schiffreichen Wassern, wo sie noch nicht vergeben waren, im Streit lagen, so daß fast ein jeder thun oder sich zueignen mochte, was ihm gut dünkte; und dem hinnach, was er in so verwirrten Umständen erlangt, entweder gegen eine gewisse Erkanntlichkeit bestätiget, verliehen, oder auf eingereichte Bitte sonst geschenkt wurde.

Solchemnach versuchten vielleicht auch damahls oder noch früher eint und andere Anwohnere des Bodensees sich nebst dem Gebrauch der Schiffahrt und Fischerey einen gewissen Bezirk an demselben eigenthümthümlich zu zueignen; und da der davon abfallende Nuze bey weiterer Ausbreitung der Schiffahrt an alle Orte des Sees sich in gleichermasse erweiterte; veranlaßte dieses mehrere, sich ebenmässig auf solche Handthierungen zu legen, und sich des Rechts der Schiffahrt an diese oder jene Orte anzumassen, wie auch hier und dar die Fischerey willkührlich zutreiben. Gleichwie aber ein so willkührlicher Gebrauch, Streitigkeiten verursachte, so war nothwendig, daß die angesessene Schiffleute und Fischer jeden Orts gütlich sich mit einander verstünden, und besondere Verträge und Ordnungen errichteten, wornach sich diejenige die sich mit der Schiffahrt und Fischerey jeden Orts beschäftigten, zu richten hätten, damit ein jeder seine ungehinderte Nahrung dabey haben, und von niemand darinn gestöhrt werden möchte. Durch solche Vereinigungen entstunden dann die Innungen und Gesellschaften der Schiffleute und Fischer, die sich nach solch abgefaßten Verordnungen eine jede nach Verschiedenheit ihrer besondern Handthierung zu richten hätte.

Dieser Gerechtsame maßte man sich ohne Zweifel am ersten zu der Zeit an, unserm See an, nachdem die Anwohnere der an demselben gelegenen Landschaften besondere Oberherren erlangten, die sich in den vorgedachten Zeiten der Verwirrung das Dominium über den See so weit anmaßten, als ihre Gebiete an Ufer dem desselben sich ausdehnten; vermuthlich geschah solches später als man glaubt; dann selbst im 11ten Seculo müssen unsere am See gelegne Landschaften noch sehr roh ausgesehen haben, ob sie schon

von

von langer Zeit angebauet worden seyn mochten; wenigst sah die Gegend um Zürich noch einer Wildnis ähnlich; wie dann von dortigem See biß an den Gotthard noch eine einzige Waldung gewesen sey; nun urtheile man, wie bey den fortwährenden Kriegen und Verheerungen unsere Gegenden beschaffen gewesen seyn mögen; obschon Carl der Grosse zu deren Cultur alle Beförderung gethan, so wurden doch alle seine gute Anstalten unter seinen schwachen Nachfolgern wieder vereitelt. Der Reebbau war zwar bereits unter ihm nicht unbekannt, aber das Thurgäu hatte noch fast keinen, ausser in der Gegend um die Stadt Costanz, er wurde zu solcher Zeit noch als eine Arzney getrunken. Meth und Bier blieben dieser Enden lange Zeit das allgemeine Getränk; wie dann den erstern die heidnische Anwohner unsers Sees vormahls ihren Göttern geopfert. Die Kaiser suchten in der Folge die allemannische Städte selbst in mehrere Aufnahme zu bringen, und mit der Zunahme der Cultur ihren Verkehr mit den Landleuten zu vermehren. Hiedurch nahm die Industrie zu; doch hatte man keine grosse Künstler, in dessen mochte der Absaz der Handwerker in den ersten Zeiten wann sie alles nöthige zu verarbeiten wußten, dannoch groß seyn; sie erhielten auch durch ihren Fleiß die gröste Anzahl der Einwohner in den Städten. Italien versahe sie in dessen mit feinen Kleidern, Gewürz, Früchten u. s. w. wozu Zürich und Augspurg noch die Hauptcanäle waren. Die erste Stadt bekam besonders durch die 1162. erfolgte Zerstöhrung Maylands Anlaß, Manufacturen und künstliche Arbeiter von dar an sich zuziehen,

hen, und sich zu bereichern. Gleichwohl blieb der Landbau in manchen Stücken ob er sich wohl überhaupt merklich gebessert hatte, sehr zurück. Insbesondere war der Reebbau das 11te und 12te Seculum hindurch noch wenig bekannt wie mehr belobter Verf. der Geschichte der Handelschaft der Stadt und Landschaft Zürich, aus den Uhrkunden des Klosters Muri bewiesen. „Wir „haben oft den Reebbau unternommen (heißt „es in solchen) weil wir aber nicht dabey bestehen „können, so haben wir ihn eben so oft wieder müs„sen liegen lassen, alles kommt mühsam hervor, „und braucht zu viel Fleiß und Sorgfalt; haben „wir die Reeben selbst wollen bauen lassen, so kon„ten wir es nicht aushalten; überläßt man sie aber „den Bauren, so wird alles schlecht gethan; man „wird belogen und betrogen, und was sie pflicht„mässig geben sollten, fressen sie mit Weib und Kin„dern selbst; nach diesen Acten waren noch im Jahr „1111. zu Schaffhausen 9. Bier und nur 2. Weinhäuser; aus dem allem läßt sich schliessen, daß die Gewerbe und Schiffahrt dieser Enden noch keinen sonderlichen Fortgang müssen gehabt haben; wenigstens weißt man von keiner Convention der Beschüzung der Schiffahrt und Fischerey halber auf unserm See vor dem Jahr 1362. dergleichen damahls erst zwischen den Bundesstädten an demselben als Lindau, Ueberlingen, Buchhorn u. s. w. errichtet worden. Dann ob sie wohl vorhin schon dißfalls in Vereinigung gestanden, so hat man doch keine Nachrichten wann dergleichen am ersten eigentlich zustande gekommen, noch weniger weißt man, wann

die

die Schiffarth und Fischerey am See am ersten allgemein eingeführt worden sey; wahrscheinlich ist, daß es bey dem so lang fortgedaurten rohen Zustand in der Cultur und Industrie wohl nicht über ein Jahrhundert fruher geschehen seyn werde.

Was die Schiffahrt auf unserm See in den ersten Zeiten noch mehr hindern mußte, war der damahlige Mangel des Compasses; nun ist bekandt, daß ohne solchen unser See bey neblichtem Wetter nicht befahren werden kann, und daß die wunderbahre Wirkung der Magnetnadel erst um den Anfang des 14ten Seculi beobachtet und darauf der Compaß erfunden worden, dessen Gebrauch aber vermuthlich in unsern Gegenden eben nicht am frühesten bekannt geworden seyn wird; in dessen läßt sich aus dessen Mangel genugsam abnehmen, daß die Schiffahrt vor solcher Zeit, noch nicht sonderlich betrieben worden seyn müsse; dann bey neblichten Wetter, Herbst und Winters Zeit konnte man, obschon der Wind günstig seyn mochte, weder bey Tag noch bey Nacht weder mit kleinen noch grossen, beladenen noch leeren Schiffen fahren; wie dann noch heute zu Tage der so gar schmahle Zürchersee bey neblichtem Wetter ebenfalls nicht befahren werden kann, dieses wird um so gewisser, als ohnehin die Cultur, Industrie und Gewerbe erst im 13 und 14ten Seculo zu einer beträchtlichen Aufnahme gekommen; wozu die im 12ten Seculo überhand genommene thörichte Kreuzzüge, die sonst in anderm Betracht von sehr unglücklichen Folgen für die europäischen Staaten waren,

ren, den ersten Anlaß gaben; und wie insbesondere zu Vermehrung der Gewerbe als des Transito ein Grosses beytrugen, wodurch zugleich die Lebensart auch dieser Enden nach und nach unter hohen und niedrigen geist- und weltlichen Standes eine ganz andere, für diejenige Staaten aber höchst nachtheilige Einrichtung erhielt, die den hinnach über hand genommene Luxus anderer Provinzien in den Städten zwar nachahmten, aber entweder zu träg, einfältig oder nicht geschickt genug waren, die dazu erforderliche Stoffe selbst zu verarbeiten, und überhaupt ihrer Industrie eine solche Einrichtung zu geben, die sie in den Stand gesetzt hätte, den vermehrten Aufwand ohne ihren Nachtheil zu bestreiten; da sie aber dieses hochwichtige Geschäfte vernachlässigten, so wurden sie nach und nach durch ihre eigene Schuld andern zinsbahr; und verlohren damit ihre vormahlige Einkünfte und Kräfte gänzlich. Es hatten zwar diese Züge in das gelobte Land schon lange vorhin ihren Anfang genommen, aber mit einem so ausserordentlichen Eyfer und Zulauff geschah es noch nie; die Folgen waren dahero auch noch nicht so nachtheilig als jetzo besonders für den Feldbau, der wegen Mangel an Arbeitern oft so schlecht bestellt werden konnte, daß Theurung und Hungersnoth darauf erfolgen mußte. Dann die Päbste versprachen nun allen denen, die diese Feldzüge mitmachen würden, einen allgemeinen Ablaß von Sünden; wodurch eine solche Bewegung unter die Leute von allerley Stand, Alter und Geschlecht kam, daß auch selbst Könige und Kaiser, Herzoge Bischöffe u. s. w. nebst einer unbegreifflichen Menge

nie-

niedern Adels und andern Gemeinen dahin zogen; die dann aber auch meistens auf mancherley Weise und durch widrige Schicksaale solchermassen aufgerieben wurden, daß deren wenige wieder zurück kamen. Man nannte sie insgemein Kreuzfahrer, weil einem jeden zur Auszeichnung ein Kreuz auf seinen Rock genähet wurde. Diejenigen unter dem gemeinen Volk, die klug genug waren, zu Hause zu bleiben, fanden ihren Vortheil dabey, die hinterlassene Güter derer, die auf solchen Züge zu Grunde giengen, oder solche vor oder nach denselben zu verkauffen genöthiget wurden, entweder ohnentgeldlich oder um die niedrigste Preise an sich zuziehen; oder solche gegen Zinse zu Lehen zu erhalten, hiedurch erlangten viele Leibeigene zugleich ihre Freyheit, und fanden Gelegenheit durch eigene Arbeit nach und nach ein Vermögen für sich zu erwerben; andere Freye aber die schon Güter hatten, fanden bequeme Anlässe solche ebenfalls um die geringste Preise zu vermehren. Da manche Leibeigene wie vorgedacht nun ihre eigene Herren wurden, und die sichere Hofnung vor sich hatten, ein Eigenthum für sich zu erlangen, wurden sie beherzt und arbeitsam, die Cultur und mit solcher die Producte der Erde zu verbessern und zu vermehren, wodurch hinnach dann auch die Industrie und Gewerbe neuen und mehreren Stoff zu ihrer weitern Ausbreitung erhielten. Der gemeine Mann sammelte sich nun ein Vermögen, und kaufte den Edelleuten gegen Steuren, Abgaben und Zinsen ihre Aecker und Häuser, und grossen theils hernach auch die nämliche Zinsen und Abgaben selbst wieder ab. Auch die Städte und Klöster bereicher-

ten sich auf solche Weise, und gelangten theils solchergestalten zu ihren Territorien und Herrschaften;
wie dann auch zu damahligen Zeiten die meiste
Klöster gestiftet wurden. Jedoch die verschiedene
Wirkungen dieser Züge liessen sich im folgenden Seculo noch merklicher auch in anderm Betracht spüh-
ren. Da die Kreuzfahrer in den frembden Ländern, die sie auf ihren Zügen durchstrichen, aller-
hand ihnen vorhero unbekannt gewesene kostbahre
Früchte, Waaren und Künste gesehen, brachten sie
neue Arten von Früchten und Manufacturen zurück,
und pflanzten sie bey Hause fort, oder ahmten deren
Verarbeitung nach; hiedurch vermehrten sie nach
und nach die Industrie und Gewerbe mancher Städte nebst dem Transito roher und verarbeiteter Waaren zu Wasser und zu Lande; und in so ferne waren die
Kreuzzüge von einer verspriesslichen Folge und würden keinen weitern Nachtheil gebracht haben, wann
man sich in der neuen Lebensart in gewissen Schranken gehalten, und die Industrie allgemeiner eingeführt,
und biß auf unsere Zeiten erhalten, und mehr als geschehen, verbessert und erweitert hätte. Allein die
Pracht der Morgenländer hatte die Augen des teutschen Adels der Klöster und der reichen Bürger der
Städte solchermassen verblendet, daß sie den Staat
derselben auf eine unmässige Weise nachzuahmen
suchten; hiedurch wurde eine Menge Edelleute und
Klöster neuerdings in solche Armuth gesezt, daß sie
Land und Herrschaften verkauffen mußten. Die
Gewürze und viele asiatische Waaren breiteten sich
nun auf eine vorhin ungewöhnliche Weise in den
Städ-

Städten und Klöstern aus, wodurch die Gewerbe und der Transito ebenfalls einen neuen Zuwachs erhielten. Durch die feinere Lebensart und den häuffigen Umgang mit Auswärtigen wurden auch die Sitten im gemeinen Leben etwas milder, und die allgemeine Unwissenheit nahm durch die Erlernung neuer Sprachen und Künste merklich ab; wie dann vornemlich die Dichtkunst eine Lieblingswissenschaft des Adels besonders unter den schwäbischen Kaisern wurde; dahero man auch die Gelehrte dazumahl dem Adel gleich schätzte. Auch wurden die Schulen in Klöstern und Städten verbessert, und deren zum theil neue erbauet; diese Zeit würde keine der unglücklichsten gewesen seyn; wann man wie gedacht einestheils bey einem allgemeinen Fleiß in gewissen Schranken der Mässigkeit geblieben, anderntheils aber die allgemein schädliche Befehdungen nicht ferner fortgesetzt, und sich das Leben noch immer selbst unruhig und unsicher gemacht hätte; allein durch diese Befehdungen des Adels und der Städte blieben Strassenraub, Mord und Plünderung allgemein; selbst die Geistliche begiengen tausend Ausschweiffungen.

Dieses nöthigte zum öftern die tugendhafteste und weiseste Männer dieser barbarischen Zeiten unter dem Adel selbst ihre Zuflucht in die Klöster zu nehmen, wie dessen zum theil schon oben gedacht worden, und sich in solchen zur Verrichtung der niedrigsten Dienste eher gebrauchen zu lassen, als ausser denselben die damahls eingeführte lastervolle

Lebensart zuführen. Man findet von dem Zustande dieser Landschaften in diesen Zeiten unter den Mspten des Klosters Muri eine Chronick aus dem 12ten Seculo von Reginone mit der Fortsetzung Hermanns des Lahmen und Berchtolden von Costanz; die unter dem Jahr 1083. folgende anmerkenswürdige Nachricht hievon enthält; wie solche der gelehrten Reisebeschreibung durch Allemannien, Welschland und Frankreich von deren Hochwürdigen Herrn Verf. einverleibet worden: „Zur selbigen Zeit waren 3. Klöster im teutschen „Reich mit ihren Zellen und regelmässiger Zucht an„gerichtet in herrlichem Ansehen; nemlich das zu „St. Blasien auf dem Schwarzwald; des H. „Aurelius welches das Hirsauer heisset, und des „h. Erlösers, welches Schaffhusin nemlich das „Hus der Schiffe genannt wird.

„In diese Klöster hat sich eine verwunderns„würdige Menge edler und kluger Männer begeben, „und nach Ablegung der Waffen sich vorgenommen „die evangelische Vollkommenheit unter einer regel„mässigen Zucht auszuüben. Ich sage in so gros„ser Anzahl, daß die Gebäude der Klöster selbst „mußten erweitert werden, weil sie anderst keinen „Plaz in denselben haben konnten. Demnach wer„den in diesen Klöstern auch selbst die äusserliche „Aemter nicht durch weltliche sondern durch Or„densbrüder verwaltet. Und je edler sie in der „Welt waren, desto verächtlichere Dienste ver„langten sie zu vertretten; so daß diejenige, welche

ehe-

„ehehin Grafen und Marggrafen in der Welt gewe-
„sen, nunmehro vor ihr höchstes Vergnügen hiel-
„ten, denen Brüdern in der Kuchen und Backstu-
„ben zu dienen, oder ihre Schweine auf dem Fel-
„de zu hüten. Hieselbst sind nemlich die Schwein-
„hirten ausser der Kleidung eben das was die Mön-
„che sind. Es brennen aber alle auf gleiche Weise
„von so grossem Eyfer der Liebe, daß ein jeglicher
„nicht sowohl seiner als viel mehr der andern Nuzen
„zu befördern suchet, und die Erzeigung der Gast-
„freyheit lassen sie sich so erstaunlich angelegen seyn,
„daß sie glauben, sie hätten dasjenige verlohren,
„was sie nicht den Armen Christi oder den Gästen
„zuwendeten.

Jedoch mitten unter diesen Plagen und Unordnungen nahm die Freyheit in der Folge in und ausser
den Städten in der Masse zu, als der Adel sich durch
Pracht und Krieg aufrieb oder solchergestalt in die Klöster zog, (welches eben nicht die klügste und dem gemeinen Wesen zuträglichste Parthey seyn mochte) dieses gab dann vielen Leibeigenen neuen Anlaß und
Gelegenheit sich in Freyheit zu setzen, welches abermahls zur Vermehrung und Verbesserung der Cultur Industrie und Gewerbe nicht wenig beytrug; doch
hatten dergleichen Befreyungen auch ihre Nachthei-
le. Sie hatten ebenfalls schon unter Constantin
dem Grossen ihren Anfang genommen, der denen
die die christliche Religion annehmen würden, die
Freyheit versprach; welches aber von einer so schlim-
men Wirkung gewesen seyn solle; daß es nach solchen Befreyungen den Eigenthümern grosser Lände-

reyen an einer Menge Arbeiter gemangelt habe, deren Abgang sie in die gröste Dürftigkeit sezte; weil nun viele dergleichen Freygelassene dem Bettel nachgiengen, und die vorige arbeitsame Lebensart verliessen. Das gleiche Uebel erfolgte unter den Franken, die die Leibeigenschaft nach dem sie die christliche Religion angenommen hatten, ebenfalls derselben nicht gemäß fanden; dahero die Klerisey unter ihnen den Adel und wer leibeigene Knechte hatte, beredete, sie gleichfalls frey zu lassen. Von solchen loßgelassenen Knechten legten sich nun zwar ihrer viele zu ihrer Unterhaltung auf Handwerker. Diese wurden als Bürger in die Städte genommen und für ehrsame Leute gehalten; die aber im Lande herum liessen und noch keine Bürger waren, wurden angehalten, sich an einem gewissen Ort zu sezen, oder die Erlaubnis im Lande herumzuziehen, mit einem Gulden zu bezahlen. Dieses Recht sollen die Kaiser an Pfalz hinnach verliehen haben; wie dann heute zu Tage die herumziehende Keßler für ein Ueberbleibsel dieser alten hausirenden Handwerker anzusehen sind.

Es scheinet aber, wie oben gedacht, daß auch damahls die Loßlassung, so vieler Leibeigenen nicht viel gutes gewirkt haben müsse, in dem sich die wenigste auf eine nützliche Handthierung legten, aus denen hinnach der Orden der Bettler entstund, deren Anzahl sich so sehr vermehrte, daß die Welt damit gleichsam angefüllt wurde; da man dann erst erkannte, daß man durch die Abschaffung eines geringern Uebels ein Grössers eingeführt habe. Viele

die-

dieser Bettler hielten es hinnach auch selbst für besser, wieder arbeitsame Leute zu werden, und neuerdings bey den Freyen Dienste anzunehmen, in welchen sie in den damahligen Unruhen gewissermassen nicht nur in grösserer Sicherheit lebten, sondern auch für sich und die Ihrigen ihren sichern Unterhalt hatten, wodurch zu gleich auch ihre Kinder versorgt waren; diejenige aber die nicht so klug oder weniger gesittet waren, und ein herumstreiffendes freyes Leben dem Arbeitsamen vorzogen, blieben bey ihrem Bettelhandwerk, von denen villeicht das meiste heutige Bettelvolk abstammen mag.

Sonst wurden die Leibeigenen nach ihrer Loßlassung wann sie bey dem Feldbau blieben, Bauren genannt, welcher Name von dem Worte bauen herstammet. Es waren dergleichen schon aus den vorigen Zeiten vorhanden; die ein Stück Feld für sich zu bauen hatten; diese stunden insgemein unter dem Schuze eines Edelmanns und dessen Gerichtsbahrkeit; in dem der Adel diejenige, die nächst um sein Gut herum wohnten, beschüzte. Es wurde inzwischen die Leibeigenschaft ohngeachtet sie zum öftern in verschiedenen Landen aufgehoben war, nicht durchaus abgeschaft, dann nicht zu gedenken, daß manche loßgelassene wie oben gedacht in dieselbe zurückkehrten, wurde sie in einigen Landen nach aller ihrer Strenge beybehalten.

In andern Landen wurde sie nicht nur sehr eingeschränkt, sondern auch gemildert; wie man dergleichen Leibeigene auch noch in Schwaben findet, die zu gewissen Frohndiensten und Abgaben

und

und andern Obliegenheiten verpflichtet sind, übrigens aber in Gegenhalt anderer, die noch in der alten Dienstbahrkeit und Sclaverey seufzen, gleichsam für freye Leute angesehen werden können. Es waren jedoch nicht alle Leibeigene gleicher Art. Die einte hieß man Servi; sie geriethen in die Leibeigenschaft durch die Eltern oder als Kriegsgefangene; oder auch durch einen schriftlichen sogenannten **Ergebebriefe**; wie auch stillschweigend durch den Aufenthalt an solchen Orten, wo, (wie man zu reden pflegte) **die Luft eigen macht**; deßgleichen gerieth man in die Leibeigenschaft Schulden halber die man nicht befriedigen konnte; da dann ein solcher Schuldner seinem Glaubiger zu **Hand und Halfter** überlassen wurde; wann dieser kurze Schuldproceß noch fortdaurte, so möchte er bey dem fast allgemein herschenden Leichtsinn unsers Zeitalters ein kräftiges Mittel zur Verminderung der vorsäzlich bösen Schuldner werden, die oft auf Unkosten ihrer gutmüthigen Glaubiger Staat machen, gute Tafel halten, und ihnen hernach 5 = 10. biß 20. kr. für den Gulden zu ihrer Befriedigung großmüthig anbiethen.

Eine andere Art von Leibeigenen waren, die Villani die man auch Glebæ adscriptæ nannte, diese konnten zwar gleich den vorigen mit den Mayrhöfen als dazu gehörig verkauft werden; doch wurden sie milder als jene gehalten, in dem sie ihrem Herrn für das Land das sie bauten, einen gewissen Zins bezahlten, und wann sie denselben abgetragen hatten, so gehörten alle übrige Früchte ihrer Arbeiten

ihnen

ihnen eigentühmlich zu. Ob nun wohl die häuffige Loßlassungen solcher Leute, wann man keine genugsame Vorsicht dabey gebrauchte, schädlich wurden, wann sich nämlich solche Freygelassene dem Müssiggang ergaben; so wurden doch die Cultur und Industrie durch diejenige die sich entweder darauf legten oder fleissig fortreiben, merklich in so weit verbessert, als man es von dergleichen unwissenden Leuten erwarten konnte, mithin gleichwohl die Producte aller Arten vermehret. Es ist dahero muthmaßlich, daß solches damahlen auch dieser Enden geschehen sey; und dadurch die Schiffahrt auf unserm See mehr dann vorhin zugenommen habe.

Wann nun zugleich alles bishero angeführte erwogen wird, so wird man nicht irren, wann man die vorzügliche Vermehrung der Schiffart in unserer Gegend in das 14te Seculum sezt; vor dieser Zeit scheint dieselbe sehr gering gewesen zu seyn; wenigst sollen am Ende des 13ten Seculi erst die Ufer zu Costanz, Stein, Schafhausen, Eglisau und Kaiserstuhl zusammen durch Brücken verbunden worden seyn; wie wohl solches in Absicht der ersten 2. Städte sehr zweifelhaft zu seyn scheinet; dann die Städte Costanz und Stein waren auch schon zur Zeit der Römer bekandt, ja es solle bey der letztern Stadt auf der helvetischen Seite zwischen den Dörfern Eschanz, Wagenhausen und Kaltenbach bereits vor dem Auszng der ersten Helvetier nach Gallien eine grosse Stadt gestanden haben, deren Einwohner selbe nebst den übrigen helvetischen Städten verbrandt hätten. Nach dem sie aber von Cäsar geschla-

geschlagen, und ihre bey ihrem Abzug verbrannte Städte nach ihrer Rückkehr wieder aufzubauen genöthiget worden, solle auch diese Stadt in der Folge von den Römern selbst wieder aus ihrer Asche erbauet, und Ganodurum genannt worden seyn. Sie setzten solche vornehmlich wieder die Einfälle der Allemannier in einen guten Vertheidigungsstand. Den Nahmen erhielt sie von dem celtischen Wort Gaun oder Gund, so ein Steinfelsen bedeutet, und Thurum so einen Thurn anzeiget. Es wurde derselben ein sehr festes Castell beygefüget, auch über der Insul war eine Brücke geschlagen, welche die erste am Rheinstrohm wenigstens dieser Enden solle gewesen seyn, diese Brücke wurde eigentlich von dem allemannischen Gestad an die Insul, und von solcher an den thurgäuischen Boden gehänget, wovon man heutiges Tages Winterszeit noch einige Ueberbleibsel sehe, und zuweilen noch einige römische Münzen und Alterthümer allda finde. Nach dem aber auch diese Stadt in dem 5ten Seculo von den Allemanniern bereits wieder zerstöhret worden, so wurden bald hinnach auf der andern oder jezig schwäbischen Seite des Rheins weiter hinab einige Häuser erbauet, die sich nach und nach dergestalt vermehret, daß in dem 9ten Seculo um die Einwohner, die sich in dessen zum theil auf der helvetischen Seite niedergelassen, mit jenen zu vereinigen, unterhalb der Insul Werd eine neue Brücke angeleget, auch soll auf dieser Insul ein grosser Fels oder Stein zur Erleichterung der Durchfahrt der Schiffe gesprenget worden seyn; da dann diese Stücke hievon zur Erbauung der neuen Stadt Stein dienten, die davon,

hie-

hievon diesen den Namen erhielt. Die stärkere Durchfuhr an diesem Ort veranlaßte auch bereits 966. den damahligen Herzog Burcard den 2ten von Schwaben den ausbesagten Häusern entstandenen Flecken mit Graben und Ringmauren wieder die damahls streiffende Hungarn zu verwahren, auch denselben mit Markt- und andern Gerechtigkeiten zu begaben.

Es erhellet aus dem allem, daß bereits in den ältern Zeiten die Ufer des Rheins mit einander verbunden gewesen seyen; und es ist um so weniger wahrscheinlich, daß erst mit Ausgang des 13ten Seculi die Stadt Costanz, die dazumahl eine angesehne reichs und gewerbsame Stadt auch eine bischöfliche Residenz gewesen, mit dem schwäbischen Ufer solle verbunden worden seyn; vermuthlich war vorhin die ältere Brücke zerstöhret oder vom Rhein weggeschwemmet worden, und erst eine geraume Zeit hinnach eine andere dahin erbauet. Ob aber die Durchfuhr der Güter zu Stein in dem 10ten Seculo zu einem Beweise diene, daß selbe zu solcher Zeit schon über den See geführt und nicht erst etwann zu Costanz dahin zu Land gekommen, und villeicht eingeschiffet worden seyn mögen, muß man biß auf eine nähere Erläuterung dahin gestellt seyn lassen; wenigstens hat man von der Schiffahrt von der Durchfuhr auf dem Bodensee von solchem Zeitpunct keine Nachricht. Es ist auch aus den verschiedenen angeführten Gründen keine Wahrscheinlichkeit vorhanden, daß sie in frühern Zeiten von einigem Belang hätte gewesen seyn können. Die

Ge-

Gewerbe kamen nicht eher empor, biß die Venetianer und Genueser solche in Europa dadurch in den Gang brachten, da sie den Griechen ihre Marktplätze und Insuln entrissen hatten.

Die indianische und arabische Waaren hatten damahls ihre Niederlagen zu Astracan, wohin sie die Venetianer und Genueser aus ihren Hauptmagazinen lieferten, so dann aber nach Italien schaffen, um das südliche Europa damit zu versehen. Nach dem aber Astracan zerstöhrt wurde; nahm die Handlung einen andern Lauf; indem nun die Venetianer die indianische und arabischen Waaren in den syrischen Häfen abholeten, um Europa damit zu versehen; die Genueser die mit ihnen hierüber in Streit gerathen waren, büßten ihre Gewerbe fast gänzlich ein. An dieser italiänischen Handlung nahm Teutschland um so mehr Antheil, als die Industrie in demselben theils Orten sich so weit ausgebreitet hatte, daß man vermittelst derselben diese frembde Waaren ohne merklichen Nachtheil sich anzuschaffen im Stande war. Dazumahl mochte dann auch die Schiffart auf dem Bodensee bereits zimlicher massen in Gang gekommen seyn, indem nicht nur die rheinische, sondern auch andere oberländische Städte sich mit den Gewerben zu solcher Zeit zimlicher massen beschäftigten. Nur war zu beklagen, daß die Gewerbe bey den steten Befehdungen und Beraubungen fast keine Sicherheit weder zu Lande noch zu Wasser ohne hinlängliches Geleite lange Zeit hindurch fanden, auch durch Anlegung neuer oder Erhöhung alter Zölle wieder alles

Her-

Herkommen gar sehr beschwert wurde, und man merkte es deutlich, daß die höhern Stände alles anwandten, die aufkommende Städte auf alle nur ersinnliche Art zu drücken; wie dann besonders der gröste Theil des Adels durch dessen stete Raubereyen ihre Gewerbe zu zerstören, und sich auf ihre Unkosten zu erhalten oder zu bereichern suchte, weil er sich auf eine andere Weise zu erhalten, entweder zu arm und zu stolz oder zu träge war. Ueberhaupt fast jeder der sich damahls mächtig genug zu seyn fühlte, andere zu unterdrücken, der saumte sich dabey um so weniger, als er dieserwegen bey dem fast allgemeinen Mangel einer gehörigen Justizpflege selten einer Straffe zu beförchten hatte.

Gleichwohl nahm die Industrie unter allen solchen Unordnungen einen erwünschten Fortgang; besonders wurde der Leinwandgewerb dieser Enden stark getrieben; wie man dann weißt, daß die benachbahrte Stadt St. Gallen bereits im dreyzehenden Jahrhundert mehrere Bleichen um die Stadt gehabt, deren Gewerbe immer zu nahmen, worüber sich um so mehr zu verwundern, als ein anders Uebel den Gewerben den Untergang drohte, nemlich der damahls fast unglaublich herrschende Wucher.

Es ist zwar aus der Geschichte bekandt, daß zu solcher Zeit das Anlehnen des Geldes gegen Zins noch bey Bann und Aacht verbotten war, es wird aber in unsern Zeitbüchern selten bemerkt, wie hoch der Wucher von denen Juden, denen in solchen Umständen und Zeiten diese Auslehnung allein überlassen war, in unsern Gegenden getrieben wurde; wovon uns der mehrerwähnte Herr Verf. der Geschichte der Handelschaft der Stadt und Landschaft Zürich, aus einer alten lateinischen Handschrift der Stadt Winterthur folgende Nachricht giebt: „die mit dem Fluch beladene Juden trieben „den Wucher, nach dem Verhältnis der Gefahr, „der sie dabey ausgesezt waren, füllten sich von „dem Blute nicht nur des gemeinen Mannes son„dern des Adels selbst, und zogen hiemit allen „Reichthum an sich. Man suchte darauf durch die „sogenannte Kauwerzen oder Kauwerzinen sich zu „helffen; welches Leute waren, die ebenfalls unter „dem Kaiser stunden, und gleichmässig die Freyheit „hatten, Geld auszulehnen, solches aber auch ge„gen Pfand und Bürgen thun mußten. Den „Städten kam das Recht über diese Leute durch ein „besonders Privilegium zu. Es waren dieses meh„rentheils Italiäner, die auch Kauderwelschen und „Lamparter genannt wurden. 1349. wurde zu „Zürich dazu angenommen, Brandan Pelette von „Asti. 1424. war diese Stelle an Juden von Co„stanz auf 12. Jahre um fl. 2000. verliehen; da„durch aber der Sache noch nicht geholffen, son„dern der Wucher nur allgemeiner gemacht, so, „daß auch Christen den darauf gesezten Kirchen„bann nicht mehr förchteten. Man erstaunet ohne „Zweifel zu hören, daß der rheinische Bund in sei„nen Vereinigungspuncten verbotten, daß kein „Jud mehr Zinse nehmen solle, als Wochentlich „für ein Pfund Geld 2. Pfenning; entlehne man

„aber

„aber auf ein Jahr, so soll er sich mit 4. Unzen
„von dem Pfund begnügen, und zwar aus dem
„Grund: weil die christliche Wucherer excommuni-
„cirt seyen, und mit dem Recht zu Wiedererstat-
„tung des genommenen gezwungen werden könn-
„ten. Dieses machte also 43. und 25. vom hun-
„dert jährlich, und so blieb es lange, und war
„den Gesezen gemäß; massen mit obigem Pellet
„obrigkeitlich also convenirt wurde, mithin fiel der
„verhaßte Name des Wuchers erst noch auf weite-
„re Betreibung desselben; da z. E. zu Lindau
„1344. selbst die, so sich zum christlichen Glauben
„bekannten wochentlich 2½. Pfenninge von 5.
„Schilling nahmen, so jährlich 216. vor hundert
„beträgt, so hielt es die Bürgerschaft noch vor ein
„grosses Glück, daß sich ein Jude meldete, der sich
„mit dem gewöhnlichen Nuzen von 2. Pfenningen
„vom Pfund vergnügen wollte; selbst zu Zürich
„würde dazumahl den Wucher gegen Fremde auf
„das Höchste zu treiben, zu und nachgesehen.

Die Ursache dieses ungeheuren Wuchers, war theils der damahlige Mangel des baaren Geldes, theils aber des Credits bey der Gefahr des Nuzens, der man dabey unterworffen war, in dem man dazumahl noch von keinen andern Versicherungen als von Pfandschaften etwas wußte; die vermuthlich auch nicht allezeit oder von einem jeden zu haben waren. Man erfand dahero zur Sicherheit noch ein anders eben so schädliches Mittel. Man ließ sich nemlich durch den Ayd die richtige Bezahlung des Capitals, Nuzens und zugleich

 die

die Verschwiegenheit versprechen; die Kirchen aber wann sie Anlehnungen nöthig hatten, verhiessen es bey dem freywilligen Interdict. Auch hatte man die Gysel oder Bürgschaften eingeführt, da bey Ausbleibung der Zahlung die Gysel oder Bürgen in eine öffentliche Herberg zuziehen gemahnet wurden, um daselbst so lange auf ihre Unkosten zu zehren, und bey Verlust ihrer Ehre ehe nicht daraus zu weichen, biß der Glaubiger befriediget seyn würde. Nuztragende Pfande wurden dem Creditor vor den Zins biß zur Ablösung zu nuzen übergeben. Die Pfändungen waren noch verdrießlicher und zogen viel Unheil nach sich, weil sie willkührlich waren; und denen auch solche unterworffen wurden, die für sich nichts schuldig waren. Dann es herschte zu diesen Zeiten die schlimme Gewohnheit, daß man den ersten unschuldigen Mitburger oder Landmann einer Stadt oder Landschaft (in welcher ein anderer etwas jemand schuldig war, und nicht bezahlen wollte oder konnte) für einen solchen saumseligen Schuldner arrestirte, haftete und schäzte, und ihn nicht eher loß ließ, biß er sich mit Bezahlung einer ihn nichts angehenden Schuld nach der Schatzung loßwirkte, da er dann zusehen mochte, wann, wie und auf was Art er von jenem die für ihn geleistete Befriedigung erhalten mochte; gleichwohl preiset man uns noch oft diese ungesittete Zeiten als solche an, in welchen Treu und Glauben noch vorzüglich gegolten hätten. Statt also, daß die geistliche und weltliche Gesetze dieser Zeiten zur Erleichterung und Beförderung des öffentlichen Credits und Handels und

Wan-

Wandels etwas beytragen sollten, verursachten sie selbst viel mehr der Aufnahme der Gewerbe die gröste Hindernisse, als der sie ganz entgegen waren, und vielerley Unglücke in dem gemeinen Leben bey der zu Boden liegenden Justiz nach sich zogen. Der Pracht und die Ueppigkeit waren sonderlich bey dem Adel grösser, als man es in diesen noch rohen Zeiten vermuthen sollte; er entlehnte dahero zu deren Bestreitung Geld, konnte aber die wucherliche Zinse aus seinen insgemein schlecht gebauten Gütern nicht erschwingen, er legte sich dahero entweder auf den Raub, oder gieng zu Grund, das gemeine Volk war arm, und so gedrückt, daß man es ohne Hofsich zu retten, dem Verderben überlassen mußte.

Die Juden besassen fast alle Baarschaften dieser Zeiten, die ihnen aber auch den Haß und die Verfolgung ihrer Zeitgenossen damit auf den Hals luden, man hielt ihnen dahero um so weniger weder Treu und Glauben noch Schuz, und vermuthlich hielt man sich wegen ihrem unersättlichem Geiz um so weniger dazu verpflichtet, daß man ihnen gar oft den noch ehrlich geachteten Gewinn entzog. Sie schunden die Christen, und diese verbrannten oder tödteten sie oft aus Haß, wo jene Geld und diese daran Mangel hatten. Gott strafte dann die Verbrechen der einten durch die Missethaten der andern.

Endlich fieng die Handelschaft an, sich nach einem so gräulichen Zustande Luft zu machen, und dadurch in mehrers Aufnehmen zu kommen, als das Geld allmählig in mehrere Hände zertheilt wurde; die Fleissige und Anschlägige fanden dadurch Gelegenheit solches zu sammlen, und ein Vermögen zu erwerben. Man glaubte endlich zur Benutzung desselben eben so berechtiget seyn, durch die Anlehnung um Zinse einen Nuzen daraus zuziehen, als diejenige so ihr Vermögen an Grundstücke durch Verlehnung gegen Zinse an andere zu vermehren suchten; oder von deren Ueberlassung und Nuzniessung einen bestimmten Theil an Früchten bezogen; weil aber der Geldzins von der Kirche noch nicht gut geheissen war, so handelte oder verfuhr man dabey (zu Vermeidung ihrer Censur) als bey einem Kauff. Der Entlehner verkaufte nämlich ein Pfund jährlicher Gelder für zwanzig Pfund auf Ablösung, solches waren also fünfe vom hundert Nutzen, so viel man damahls von liegenden Gründen zu ziehen rechnete; welches zur Nachahmung auch Zins genannt wurde; wie wohl auch dieser billiche Zins bey einigen noch vieles Bedenken verursachte, die es sich aus Vorurtheil noch nicht konnten ausreden lässen, daß auch von Geld ohne Wucher ein billicher Zins gefordert und genommen werden konnte, und zwar nur aus der Ursache, weil er nicht von nuzbahren Grundstücken erhoben wurde, gleich, als ob das Geld nicht auch Nutzen tragen könnte, und dahero ein mässiger Zins auch von solchem billich zu erstatten sey.

Da solchergestalt dem Wucher nach und nach abgeholffen wurde, nahmen die Gewerbe in den Städten in der Masse zu, als das Geld und die Industrie

dustrie in solchen gemeiner wurden; ohngeachtet man erst zu Ende des 15ten Seculi zu einem daurhaften allgemeinen Landfrieden gelangen mochte; zu welcher Zeit auch die Schiffmacherprofession dieser Enden sehr in der Aufnahme gewesen seyn muß; indem die Stadt Zürich damahls einen in derselben berühmten Meister von Bregenz dahin beschickte, um derselben in dem damahligen Krieg mit den Schweizern 2. grosse Jagdschiffe zu erbauen, deren jedes 400. bewafnete Männer trug.

Es wäre kaum glaublich, wann es nicht aus der Geschichte dieser unruhigen Zeiten erhellte, daß die Gewerbe unter allen damahligen Stürmen und Hindernissen die sich deren Fortgang so allgemein und häuffig entgegen stellten, daß sie menschlichem Ansehen nach unter solchen hätten erliegen sollen, doch biß an den Anfang des sechszehenden Seculi auch in unsern Gegenden solchermassen empor gekommen, daß man mit Grund behaupten kann, daß der Transito über unsern See dazumahl am häuffigsten gewesen sey, dahero auch die gemeine Bürger ihr Vermögen so vermehrten, daß man sie endlich in den Städten Theil an dem Regiment und dessen Besatzung nehmen lassen mußte; wie dann bereits im 14ten Jahrhundert sowohl in Helvetien als Schwaben zum theil auch vorhin das zünftische Regiment eingeführt wurde.

Nach dem aber die Portugiesen um das Ende des 15ten Seculi einen neuen Weg um Africa, die Spanier aber Amerika entdeckten, so schaften diese beede Nationen aus diesen Welttheilen durch einen kürzern Weg alle Waaren nach Europa, die die Niederlande gröstentheils bißhero durch Teutschland versandt hatten. Hiedurch bekamen die Gewerbe einen ganz andern Lauff, und die Venetianer und andere Italiäner verlohren gröstentheils den Gewürzhandel, der zu dem Oekonomiegewerbe und Transito über unsern See viel beygetragen hatte; wozu noch viele Güter kamen, die dazumahl aus Oesterreich, Steyermark, und den nordlichen Ländern so gar biß von Danzig und andern Orten der Ostsee, wie auch aus dem Reich häuffig hergeführt und über diesen See und zwar meist über Lindau theils nach Italien, theils aber in die Schweiz und nach Frankreich versandt worden; und so vermehrten auch die ruckwarts aus solchen Ländern kommende Waaren diesen Transito in solchermassen, daß sich nicht zu verwundern, daß die an diesem See gelegene Reichsstadt Lindau wegen ihren häuffigen Gewerben und Transito-Gütern das schwäbische Venedig genannt wurde. Indessen blieben auch die Portugiesen und Spanier nicht allein in Besitz ihrer neu erlangten Gewerbe mit den indischen Waaren; in dem K. Philipp der 2te von Spanien zu seinem grösten Nachtheil die Manufacturen aus Niederland nach Holland und Engelland durch seine Strenge trieb, und die wieder ihn aufgestandene Holländer nöthigte die Waaren selbst aus Indien aus der ersten Hand zu holen, weil er ihnen allen Gewerb mit seinen Unterthanen verbott; da sie sich dann endlich selbst in Ostindien allenthalben fest setzten; wodurch ihre ostindische Compagnie,

die

die daselbst ganze Königreiche besizet, gleichsam das Monopolium des Gewürzhandels in ganz Europa erhielt. Inzwischen verlohren durch die Entdeckung der Spanier und Portugiesen alle vorher handlende Nationen und zwar vorzüglich die Venetianer und Hanseestädte wie vorgedacht ihre Kommercien, und diese bekamen nun abermahls einen andern Lauff und zwar über Engelland und Holland; wodurch viele Land- und Wasserstrassen ihre vormahlige Güterdurchfuhr verlohren; welches dann auch auf unserm See geschah.

Einen andern Verlust erlitt die Ueberfuhr auf solchem See ohne Zweifel in dem 30, jährigen Kriege, in welchem die Handelschaft grosse Noth leiden, ja oft gar zerstöhret werden mußte; da viele Städte zuweilen mehrere Monate lang belagert, gebrandschatzt, und durch allerley andere Landplagen als Pest, Hunger und Verwüstungen solchermassen aufgerieben wurden, daß der größte Theil der Bürger darüber zu grunde gieng. Und wo ja noch einiger Handel und Wandel statt fand, so wurden doch die Versendungen insgemein unsicher, daß man oft genöthiget wurde, zu Wasser und zu Lande sich neuer Strassen zu bedienen, die man zuweilen bequemer oder vortheilhafter fand, als auf den alten das kostbahre Geleit zu bezahlen; da man dann hernach die neuen Strassen mehr verbesserte, wo man es für nöthig fand, und bey solchen blieb. Wie dann eben dieser leidige Krieg es mag veranlasset haben, daß man die nordliche Waaren von der Ostsee ungleich mehr dann vorhin geraden Weges zu

Wasser nach Italien gesendet, da sie weniger Gefahr liessen, als auf dem festen Lande von den feindlichen Völkern geplündert zu werden, nicht zu gedenken, daß solches mit beträchtlichern wenigern Unkosten geschehen konnte.

Nichts desto weniger erhielten sich die Gewerbe nach diesen langwierigen Drangsalen in der Folge noch so zimlich, und so weit es der nun so sehr geänderte Lauf der Commercien gestatten mochte; und vielleicht wäre die Schiffart auf diesem See noch einigermassen wieder hergestellt worden, wann es der Vorsehung gefallen hätte, Teutschland mit fernern Kriegen zu verschonen. Nach dem aber dasselbe in der Folge in noch mehrere höchst verderbliche verflochten wurde, an welchen auch die Reichskreise insgemein mit Antheil nehmen mußten, so wurde in solchen aller Verkehr mit Frankreich verbotten, welches vornehmlich in dem langwierigen spanischen Erbfolgskrieg erfolgte. Da nun sowohl denen teutschen als französischen und schweizerischen Kaufleuten ihr Gewerb und Verkehr sehr erschwert, und alle Waaren für Contraband erklärt wurden, von welchen man nicht durch Pässe bescheinigen konnte, daß sie weder von feindlichen Orten und Königreichen herkämen, noch dahin bestimmt seyen. So verursachte dieses viele Erbitterungen und Unterschleiffe, in dem man keine Mittel unversucht ließ, diesen solchergestalten unterbrochenen Gewerb fortzusetzen, und die Waaren wohin man sie verlangte zu verschaffen. Weil aber bey solchen

Um-

Umständen die entferne Kaufleute genöthiget wurden, ihre Güter um mehrer Sicherheit willen und weil sie zum theil wo man ja die Durchfuhr erlaubt, mit hohen Imposten belegt wurden, durch andere Strassen an sich zu ziehen; so wurden sie dann solchermassen daran gewöhnt, daß sie selbe hernach, wann man ihnen besonders eine Erleichterung auf denselben verschafte, auch wieder nach eröfneten Pässen und aufgehobenen Imposten nicht mehr verliessen. Dann ihnen dieser neue Aufwand und Drang zu lange fortdaurte, mithin man lieber solche Strassen wählte, auf denen man solchen Vexationen nicht unterworffen war. Dieses geschah insbesondere jenseits des Rheines über Straßburg, Speyer und Frankfurt in die Schweitz, und wieder von dar dahin.

Man blieb auch um so lieber auf den neuen Strassen, als man hinnach von Seiten Oesterreichs noch über dem (weil man es nach den damahligen Grundsätzen der Staatswirthschaft für vortheilhaft hielt) die oberösterreichische Zölle erhöhte. Alle Vorstellungen von Seiten des schwäbischen Kreises sowohl bey Ihro kaiserl. Majestät als dero Regierung in Insbrugg waren eben so vergeblich, als selbst der eidsgenossischen Abgesandten Beschwerden über solche neue Zollserhöhungen, und wie man hiedurch die eidsgenossische Kaufleute selbst nöthigte, fürohin andere vortheilhaftere Strassen zu suchen; dann diese Zollserhöhung betrug nichts weniger dann die Helfte der vorigen Zollserstattung, bey einigen Gütern aber gar das dreyfache; nun glaubte te man zwar freylich die offentliche Gefälle nahmhaft dadurch vermehrt zu haben, weil aber die Güter nun durch andere Strassen geführt wurden, so hatte es mit dieser Vermehrung keinen Bestand; es wurden vielmehr die vorige Einkünfte unsäglich dadurch geschwächt; zumahl da noch über dem die Unterthanen und zwar nicht bloß auf eine Weile, sondern auf immer durch den Abgang der Zehrung beträchtlich beschädiget wurden; besonders da man noch über dem in verschiedenen bey der Zollstadt Gebrazhofen gelegenen Dörffern neue Wegzölle anlegte; mehr anderer zur Vermehrung des Verlustes des Transito dienenden Beschwerden jetzo nicht zu gedenken; nur so viel können wir auch hier unbemerkt nicht lassen, daß endlich nach vorgedachten Zollserhöhungen nach und nach so viele neue Strassen zu Wasser und zu Lande zu gröstem Nachtheil theils der oberösterreichischen Zollstädte, theils aber der Schiffahrt auf unserm See in Gebrauch gekommen, daß man sich nicht wundern darff, daß gegenwärtig auf solchem der Transito solchermassen abgenommen; daß davon gegen dem aus 15ten 16- und 17ten Seculo kaum ein Schatten noch zu erblicken ist; und daß eben auch die Städte und Dörffer, die vormahls aus den Durchfuhren; der Schiffahrt und Zehrung ihre vornehmste Nahrung gezogen, an ihren offentlichen und Privateinkünften einen solchen Abgang erlitten, der sie und ihre Bürger und Unterthanen zu keiner Aufnahme um so weniger gelangen lässet, als ausser dem, daß seithero die Abgaben sehr erhöhet und vermehret worden, auch die Zehrung ungleich kostbahrer dann vorhin und gleich-

wohl

wohl denen dabey so sehr leidenden Orten, weder ihre Zölle noch Schifflöhne verbessert worden; ohngeachtet über das alles die Erbauung und Unterhaltung der Schiffe ebenfalls ein beträchtliches mehr kosten, weil alle dazu erforderliche Materialien gar sehr im Preis gestiegen; ob und wie besonders die Schiffleute gegen den vorigen Zeiten dabey bestehen können, läßt sich hieraus leicht beurtheilen, und liegt zum theil am Tage.

Es hätten zwar mehrere Reichsstände der kaiserlich erhaltenen Freyheit zu Folge, ihre Zölle ebenfalls erhöhen können, sie bedienten sich aber derselben nicht; in dem sonst der noch übrige wenige Transito dadurch gänzlich verlohren worden wäre. In der Masse nun der Transito aus vorangeregten Ursachen abgenommen, mußte auch die Zahl der Schiffe abnehmen, so daß man heute zu Tage deren weniger als vormahls unterhält; selbst von Lustschiffen wird man selten eines gewahr. Die Ursache mag villeicht nicht allein da herrühren, weil man an den Lustfahrten und Ergötzlichkeiten zu Wasser in unserm Bezirk theils weniger Lust und Vergnügen oder aus der Ursache weniger Gelegenheit findet, weil die beedseitige Ufer des Sees wie oben gedacht, wegen dessen Breite nicht so oft leicht und gemächlich befahren und besucht werden können als an dem Zürichersee; als weil überhaupt genommen, die Wahrheit zu gestehen, nicht so viele Spuhren des Wohlstandes an dem grösten Theil des Sees gewahrt werden, als an vorgedachtem Zürichsee, dessen Ufer mit Land- und Lusthäusern der reichen Bürger

ger dieser Stadt reichlicher angefüllet sind, und dadurch die Anmuth dieses Sees merklich vermehren, welche Zierde an den Ufern des Bodensees nicht so allgemein ist, ob sie schon derselben auch nicht mangelt. Dieser Abgang kann zwar freylich dem erlittenen Verlust des Transito über unsern See allein nicht zugeschrieben werden; es kommen hier mehrere Ursachen, die an diesem geringern Wohlstand Schuld sind, zusammen; eine der vornehmsten ist, daß die Cultur, Industrie und Gewerbe nebst andern Wissenschaften dieser Enden ungleich weniger bekannt sind als in der Stadt und Landschaft Zürich, wo sie sich gröstentheils in den blühendsten Umständen befinden, die nebst der göldenen Freyheit die Hauptquellen ihres Wohlstandes sind, der ihren Bürgern und Landleuten genugsame Kräfte zur Verschönerung ihrer Landschaft an dem See darbiethet. Dieser Flor ziehet dann auch öfters manche Frembde dahin, um allda ihren Aufenthalt eine zeitlang zunehmen. Dann die Anmuth einer Gegend in der die Wissenschaften und Künste nicht sonderlich bekannt sind, (in deren Ermanglung die Fremde manche Ergötzlichkeiten, Bequemlichkeiten u. s. w. missen müssen) ist allein nicht anziehend genug selbe an sich zu locken, und ihnen den Auffenthalt in derselben vorzüglich beliebt zu machen.

Man muß zwar gestehen, daß die bessere Cultur und Industrie an der helvetischen Seite nicht unbekandt ist; doch ist der Feldbau auch dort an vielen Orten noch sehr mangelhaft. Man gewahret

ret dieses vornehmlich an dem Weinbau, besonders in den untern Theilen des Thurgäues. Da man in den ältern Zeiten einen so wichtigen und gemein nüzlichen Beruf als der Anbau des Landes überhaupt ist, den unwissendsten leibeigenen Leuten überließ, so ist sich nicht zu verwundern, daß auch die Weinberge in einigen Gegenden an diesem See so unschicklich angelegt worden, daß man die meiste dazu gewiedmete Grundstücke durch eine andere Cultur viel sicherer und vortheilhafter benuzen könnte; dieses verstehet sich auch an der schwäbischen Seite an dem untern Theile des Sees; wo die Wein wegen der schlechten Auswahl des Bodens und der Traubenarten oft so schlecht ausfallen, daß sie kaum trinkbahr sind, so, daß man es schwerlich glauben würde, daß in einer so anmuthigen Lage und unter einem so milden Clima ein so geringer Wein wachsen könnte, wo sonst alle Früchte und Gewächse zu einer so guten Zeitigung gelangen, daß manche derselben wegen ihres besonders guten Geschmacks auch in entfernten Städten (wie z. E. das lindauer Obs) sehr beliebt sind, und dahero zum theil weit verführt werden: wie dann auch verschiedene Reisende diese schöne Landschaft die andere Lombardie nannten. Ja unser See geniesset vielleicht in gewissem Betracht einige Vorzüge die denen jenseits der Gebürge gelegenen italiänischen Seen abgehen; man empfindet nemlich auf demselben da er unter einem gemässigtern Himmelsstriche lieget die grosse Hitze und dahero entstehende Ungelegenheiten Sommerszeit nicht, denen man an jenen Seen unterworffen ist, wo zuweilen die Einwohner der Städte und Dörffer ver-

schmach-

schmachten, oder von vielem Ungezieffer geplagt werden. Zu solcher Zeit durchwehen unsern See vielmehr die kühlesten und gesundeste Lüfe, da hingegen an den italiänischen oft auch so bösartige Winde zu solcher Zeit wehen, die zuweilen gefährliche Seuchen und Fieber mit sich bringen, die den Anwohnern des Bodensees selten bekandt werden, zn deren Erquickung noch über dem fast aller Orten die frischeste Wasser hervor quellen, und die Crystallhelle Bäche durchströhmen die Wiesen und Felder, so, daß die umliegende Landschaften von Seiten der Natur viele besondere Vortheile und Schönheiten geniessen. Es ist auch der See selbst nicht gefährlich, wann er nur mit keinen überladenen Schiffen und sonst mit der nöthigen Vorsicht es sey bey Tag oder bey Nacht; besonders bey schwülstigem Wetter befahren wird; dahero auch auf solchem selten ein beladenes Schiff in Gefahr geräth.

So viel nun aber die weitere Cultur der an denselben gelegenen Landschaften betrift, so ist sie wie zum theil schon gedacht worden, an vielen Orten in Gegenhalt anderer Gegenden bis auf den heutigen Tag noch sehr zurück, besonders an der schwäbischen Seite; wo man noch wenigere Verbesserungen als auf der thurgäuischen Seite damit vorgenommen hat. Dann obgleich auch auf dieser der gemeine Mann noch an den Gewohnheiten seiner Vätter zum theil hängen mag, in dem er so gar an der Wirklichkeit dessen zu zweifeln scheinet, was er doch bey andern mit Augen sehen und mit Händen greiffen kan; so sind doch andere von den Vor-

urthei-

urtheilen für die alte Bauart befreytere durch die glückliche Versuche der Engelländer und Franzosen in dem Landbau und der Viehzucht um sich von dem grossen Hauffen zu unterscheiden, bewogen worden, ihnen nachzuahmen, und deren Entdeckungen zu benuzen, wie solches auch zu ihrem unglaublichen Vortheil geschehen ist. Warum es aber gleichwohl bey dem gemeinen Manne eben nicht nur hier, sondern überhaupt fast durchgehends so schwer hält, andere glückliche Versuche mehr nachzuahmen, als geschiehet; daran mögen wohl die Vorurtheile für die alte Bauart nicht die einzige Schuld haben, sondern solches guten theils auch mit daher rühren; weil eines theils der gemeine Mann mehr auf den gegenwärtigen als den künftigen Nuzen siehet, vermuthlich aber auch die grossen Unkosten, die insgemein mit dergleichen Unternehmungen verknüpft sind, manchen abhalten mögen, sich damit abzugeben; dann so dumm ist der gemeine Mann doch nicht, daß er sich nicht auch eine Verbesserung seines Zustandes wünschen und darnach trachten sollte, wann er nur durch vorgemeldte Ursachen nicht daran verhindert wird; wie dann vornemlich Armuth oder Schulden viele davon abhalten mag, den Vermöglichern zu folgen.

Bemerkenswürdig an diesem See in Ansehung der guten Cultur ist auch die Gegend bey Costanz das Paradies oder der Brühl genannt, die gleich an dem Thore wodurch man auf der Schweizer Seite nach Gottlieben gehet, befindlich ist; und von welcher uns der berühmte Herr Professor Sander in Beschreibung seiner anhero gethanen Reise folgende Nachricht giebet: Das Feld ist meistens Gartenland, auf welchen Wohnungen der Gärtner hin und wieder stehen; hier und da auch eine Schencke für die spazierende. Einige Gartenplätze gehen biß in den See hinein aus denen man immer Schiffe ankommen und abgehen siehet. Es ist dahero diese anmuthige Gegend der allgemeine Conversationsplaz, und in dem Sommer die gewöhnliche Promenade. Nicht nur die Stadt sondern ein grosser Theil von Schwaben und der Schweiz erhalten aus diesem Paradies viele Atten von Garten gewächse; wie dann alle Freytage als am hiesigen Markttage ein wohlbeladenes Schiff von hier nach Schaffhausen und ein anderes nach Rorschach mit allen Arten von Gartenkräutern abfähret; woselbst man jährlich von Martini biß Conradi Tag nur allein an Kappiskraut, aus dem Saurkraut geschnitten und zubereitet wird, für etliche tausend Gulden allein aus dieser Gegend verkauffen solle; welches kaum glaublich scheinen würde, wo der Bericht nicht von einem so glaubwürdigen Verfasser herrührte, und die grosse Fruchtbahrkeit dieser Gegend an dem See nicht sonst bekannt wäre; zumahlen da unter dieser Summe noch nicht begriffen seyn solle; was die Stadt, und was Schwaben und das benachbahrte Thur-

gäu

gäu von diesem Kraut gebraucht; in dem der Ueberfluß davon so groß wäre, daß um selbige Zeit alle Wochen etliche Schiffe damit abgiengen. Welches um so mehr bewundern als die Gegend, in welcher diese vortheilhafte Cultur getrieben wird, an sich nicht groß, und ein ansehnlicher Theil wie gedacht davon zum Spaziergang bestimmt ist, bey welcher sich gleichwohl 50. Familien die zusammen 400. Menschen ausmachen mögen, ernähren sollen; wie dann ein paar Gartenfelder zur Aussteurung der Kinder hinreichten; und ein Jauchart solcher Felder mit 1000 fl. bis auf 1500 fl. geschätzt und bezahlt wird; die man jedoch bey dem Kappiskraut nur einmahl hingegen bey andern Gewächsen 3mahl benuzen kann. Auch ist zu bewundern, daß aus einer Stadt die nur den 4ten Theil so viel Einwohner hat, als sie beherbergen könnte, gleichwohl so viele Leute ihr Vergnügen bey dem Spaziergang suchen, daß ein einziger Bürger dem andern nur für ein kleines Häuschen, um den Sommer hindurch Wein darinn auszuschenken fl 60. Zins mit Vortheil bezahlen könne.

Im Thurgäu wird auch ein besonderer Fleiß auf die Flachscultur verwendet; wie dann die Einwohner beederley Geschlechts bey dem Gespinste und der Weberey solche Einsichten und Talente äussern, dergleichen man selten anderwärts, am wenigsten aber bey ihren Nachbahrn jenseits des Sees findet.

Es sind dahero die Leinwandgewerbe dieser Enden auch heute zu Tage noch in einem so guten Betrieb, als sie es bey gegenwärtigen Zeitläuffen seyn können; indem die hier zu Land verarbeitet und gebleichte Waar auch auswarts von einem nicht geringern Abgang als die Stadt St. Gallische wegen ihrer guten Zubereitung ist; mit welcher Arbeit auch mit Musselin und seidenen Zeugen sich einige tausend Persohnen das Jahr hindurch beschäftigen. Dannoch mag auch dieser Betrieb wie gedacht an diesem See nicht so viel Merkmahle des Reichthums von dessen Anwohnern hervor bringen, als an dem Zürich- und Genfersee; weil sich die Industrie noch nicht so weit auch nur an diesem Theil des Sees ausgebreitet hat; in dem man besonders auf der schwäbisch und österreichischen Seiten noch wenigere Spuren davon findet. Welches zum Theil auch daherrühren mag, weil man im Thurgäu bey mehrern Fleiß in langen Zeiten keine so harte landverderbliche und langwierige Kriegsdrangsalen erlitten, als vornehmlich die Einwohner der schwäbischen Kreislande, die über dem auch dadurch sich in tieffe Schulden zu versenken, und sich mit solchen viele schwere Abgaben auf den Hals zu laden, gemüssiget worden, welche die Einwohner des Reichs mit dem stets unterhaltenden Kriegsstaat gar sehr drücken; nicht zu gedenken, was sie während so gräulichen Kriegen selbst durch Brandschatzungen, Verwüstungen ihrer Häuser

und

und Güter von den Kriegsvölkern erlitten und aufgeopfert. Es kann inzwischen bey dem allem auch nicht geleugnet werden, wann die Einwohner in Schwaben, eben so viel Genie und Neigung zur Vervollkommnung und mehrer Ausbreitung ihrer alt hergebrachten Industrie besässen, und diese nach den Umständen und Bedürfnissen der Zeiten und auswärtigen Gewerbe, so viel Menschen möglich gewesen wäre, ausgebreitet hätten, sie ihre vormahlige Industrie nicht nur in ihrem alten Flor würden erhalten, sondern mit neuen Zweigen vermehrt haben. Da sie dann gleich andern Völkern die die gleiche Kriegsdrangsalen erlitten, und dahero ihre Abgaben ebenfalls erhöhen und vermehren müssen, zu deren Bestreitung wieder so viele Kräfte würden erlangt haben, daß sie sich noch wohl dabey befinden könnten; wo aber die Industrie fast gänzlich danieder lieget, und gleichwohl viele und starke Abgaben entrichtet werden müssen; da können sich freylich keine Spuren eines Wohlstandes äussern.

Druckfehler.

Seite		Linie	
3	=	13	anstatt Amohner, leset Anwohner
4	=	30	anstatt gleichwohl, — auch
	=	31	anstatt sonderlich, — nicht sonderlich
48	=	3	anstatt Mrösburg, — Mörsburg
50	=	5	anstatt allen, — allein
57	=	13	ist das Wörtlein welches auszustreichen
103	=	18	anstatt etfährt, leset entfährt.
107	=	10	anstatt 35000, — 2500.
118	=	4	anstatt solle, — sollen
119	=	27	anstatt leztern — leztere
122	=	12	anstatt Appenzeer — Appenzeller
124	=	8	anstatt Vereingung — Vereinigung
127	=	4	anstatt Pfund — Pfrund
129	=	5	anstatt Ständen — Stände
152	=	2	anstatt Erbfolgskriegs — Erbsfolgkrieg
161	=	20	anstatt Gold — Geld
164	=	19	anstatt Kirchleim — Kirchlein
165	=	28	anstatt überlasse — überlassen
167	=	18	anstatt Ignatuis — Ignatius
	=	22	ist das Wort Kempten auszustreichen
175	=	9	anstatt hohen, leset Hoheit
177	=	14	anstatt er, leset der Wein
180	=	8	anstatt über Hand genommene, leset überhandgenommenen
189	=	6	anstatt forttreiben — forttrieben
202	=	1	anstatt Jalien — Italien

Nachwort

Einem Zufall verdanken wir es, daß wir überhaupt den Autor der „Beschreibung des Bodensees nach seinen verschiednen Zustande in den ältern und neuern Zeiten", die 1783 bei Johann Conrad Wohler in Ulm und Lindau erschien, kennen. Als nämlich der fürstlich hohenlohe-waldenburg-schillingfürstliche Hofrat Georg Wilhelm Zapf (1747—1810) die Lindauer Reichsstädtische Bibliothek, die noch heute besteht, besuchte — er selbst war literarisch sehr produktiv — konnte er einige Angaben zur Person des bis dato unbekannten Verfassers machen.

Es ist der Lindauer Kaufmann David Hünlin, der am 10. August 1720 in Lindau geboren wurde. Schon sein Vater Ludwig war Kaufmann und angesehenes Mitglied des Lindauer inneren Rates. Seine Mutter Sabina war eine geborene Söhmin. Da die Patrizierfamilie schon seit Generationen in Lindau lebte und es zu Ansehen gebracht hatte, verwundert es nicht, wenn als Taufpaten ebenfalls angesehene Lindauer genannt werden : Susanna Catharina von Eberz und Alexis Meher. Ein körperlicher Mangel — Hünlin war fast taub — erschwerte dem Kaufmann immer mehr den Umgang mit seinen Mitmenschen. Die Folge davon war, daß er sich immer mehr in die Einsamkeit zurückzog und fast ausschließlich Ersatz dafür bei seinen Büchern suchte und auch fand. Er lebte „ mit ihnen und für sie ", wie es in der Lindauer Stadtgeschichte von Karl Wolfart heißt. Die Taubheit aber ermöglichte es ihm auch, in ungestörter Ruhe seine wenigen Bücher zu schreiben, denen man den enormen Fleiß und das Verständnis für das Thema wohl anmerkt. Vor allem aber — und das läßt seine Werke als Zeitdokument besonders interessant werden — vertrat er einen eigenen Standpunkt und ähnelt darin seinem etwa gleichaltrigen Lindauer Mitbürger Jakob Hermann Obereit (1723—1798), der sich als Arzt, Mystiker, Philosoph und Alchemist hervortat. Hünlin ist aber auch ein ausgesprochener Lobredner vergangener Epochen. Immer wieder bricht seine Klage über den Rückgang der guten Verhältnisse vergangener Zeiten durch. Es ist freilich kein resigniertes Jammern, vielmehr ein konstruktives Bemängeln. So schlägt er schon damals vor, die „Kaffeesülferei" aufzugeben — Kaffee mache süchtig — und als Ersatz für dieses „Lumpenwasser" einheimische geröstete Zuckererbsen und Cichorienwurzel zu verwenden.

David Hünlin war der älteste Sohn der Familie. Die Schwester Regina heiratete 1762 den Isnyer Kaufmann Johann Holzey, die beiden anderen Geschwister starben noch im Kindesalter. Hünlin selbst blieb ledig. 1769 wurde sein Vater im Alter von 75 Jahren beerdigt. Seine Mutter war bereits 70jährig 1761 gestorben. Der bescheidene Mann und stille Autor starb am 25. Mai 1783.

Vor dem hier im Faksimile-Druck vorliegenden Büchlein hatte David Hünlin schon 1772 und 1774 in zwei Teilen die „Allgemeine Geschichte von Schwaben und den benachbarten Landen" in Ulm herausgebracht. Ein Jahr später, 1775, erschienen dort auch die „Anmerkungen über die Geschichte der Reichsstädte, vornehmlich aber der Schwäbischen". Ein wichtiges Werk wurde ebenfalls die „Neue und vollständige Staats- und Erdbeschreibung des schwäbischen Kreises und Vorder-Österreichs", die er auf eigene Kosten 1780/81 veröffentlichte. Er beschreibt darin ausführlich die geographischen Verhältnisse des Landes. Wie auch im vorliegenden Buche kommt er stets wieder auf Handel und Gewerbe zu sprechen: er müßte kein Kaufmann gewesen sein.

Die „Beschreibung des Bodensees" schloß er im August 1782 ab. Ein Jahr später, im Jahr seines Todes, lag das Büchlein, von dem ein Exemplar heute in der Lindauer Ehemals Reichsstädtischen Bibliothek verwahrt wird (es diente als Vorlage für den Faksimile-Druck), vor. Hünlin hat als Quellen hierfür auch Werke einiger Lindauer Landsleute benutzt, wie etwa die Unterlagen von J. C. Wegelin und M. Seuter von Loetzen. Berechtigt zur Herausgabe dieses Büchleins fühlte er sich vor allem deswegen, weil es auf diesem Gebiete — geistig wie geographisch — noch nichts Entsprechendes gab. Eine Dissertation zum Thema, übrigens auch von einem Lindauer Studenten verfaßt, war 1693 erschienen, aber in lateinischer Sprache. Daneben gab es noch ein paar regionale Beschreibungen in der Schweiz. Mehr war damals kaum vorhanden. Angekündigt hatte er die Arbeit schon in seiner Geschichte von Schwaben. Damals hatte er allerdings noch vor, sie seiner „Vollständigen Stadt- und Erdbeschreibung" beizugeben. Später entschloß er sich zu separater Herausgabe, schon um dem „Liebhaber den Ankauf zu erleichtern

Wandern wir also gemeinsam mit diesem, wie ich fast sicher bin, sehr angenehmen Autor durch die Bodenseelandschaft und sehen wir uns mit seinen Augen an, wie das Schwäbische Meer und seine Umgebung kurz vor Napoleons Zeiten ausgesehen hat, wie man damals hier lebte. Mit dem Jahr 1783 stehen wir fast am Eingang zur Zeit der Romantik.

Lindau, im April 1980 Werner Dobras